KB028914

자기 돌봄

MEDITATION & PSYCHOTHERAPY

누구보다 사랑하고 싶은 나를 위한 자기 치유법

자기
돌봄

타라 브랙 지음 · 이재석 옮김 · 김선경 엮음

생각
정원

나를 울게
내버려두지 마라

아무도 알려고 하지 않지만 자기를 알려고 하는 노력,
이 노력을 통하여 '여행'은 시작된다.
— 오쇼 라즈니쉬

20대에 불교를 만나면서 내 인생은 달라졌다. 여느 젊은이가 그
러하듯 나 역시 열심히 살았다. 몸을 혹사시킬 만큼 공부하고 사회
운동에 매달리며 무엇이든 적극적으로 활동했다. 그래야만 가치 있
는 인생인 줄 알았다. 마음속의 누군가가 '너는 아직도 부족하고 무
언가 더 나아지도록 노력해야 한다.'고 끊임없이 속삭여댔다. 나는
그 마음을 늘 의식하고 눈치를 보면서 스스로를 다그쳤다. 조금이
라도 느슨해진다 싶으면 게으름 떨지 말라고 으름장을 놓았다. 원
하는 대로 일이 풀리면 와~! 하고 기뻐하지만 그것은 잠깐, 그 뒤는

언제나 허전했다. 그리고 그것이 끝이 아니라 그 다음, 그 다음이 나를 기다리고 있었다. 나는 마치 거대한 벽 앞에 서 있는 아이처럼 막막했다. 용기의 불씨를 그러모아 다시 힘을 내보지만 마음속으로 '지쳤어, 못 하겠어.'라고 푸념하기를 반복했다. 앞으로 또 무엇이 기다리고 있을지 두려웠다.

주위 사람들은 나를 열정적으로 살아가는 젊은이라고 치켜세웠다. 그럴수록 나는 더 깊은 외로움과 우울, 슬픔에 빠져들었다. 그러던 어느 날 누구보다 열심히 살아가는 '나'인데, 왜 이리 힘들고 괴로울까, 나의 무엇이 잘못된 것일까, 라는 의문이 들기 시작했다. 오랫동안 나는 그 고민에 매여 마치 안갯속을 헤매는 듯했다.

안개를 걷어준 것은 불교였다. 불교는 나를 늘 따라다니는 불안과 고통, 우울감을 똑바로 바라보게 했다. 그리고 그 원인이 '나 자신은 항상 부족하고 모자라다.'는 생각에서 비롯됨을 깨닫게 해주었다. 불교는 모든 사람에게 불성佛性이 있다고 본다. 불성이란 부처, 즉 완전한 존재라는 뜻이다. 그러나 우리는 스스로 완전하다는 것을 알지 못한 채 오히려 열등하고 무가치한 존재로 인식한다. 그래서 나아지기 위해, 부족함을 채우기 위해 무언가를 끊임없이 욕망한다. 욕망은 바라고 원하는 것이다. 그 욕망은 비 온 뒤의 죽순처럼 쉬지 않고 돋아난다. 영원히 채워지지 않는다. 거기서 우리는 좌절하고 괴로워하고 절망한다. 자신을 탓하며 원망하기를 반복한다. 부처는 완전한 존재로서의 자신을 깨달으라고 한다. 그것을 깨닫는 순간 스스로를 진정으로 사랑하게 되며, 모든 욕망과 괴로움, 고통에서 벗어날 수 있다고 했다.

그 뒤 나는 여러 스승들과 수행자들을 만나 불교의 가르침을 받아들이고 수행법을 익혔다. 임상심리학자로서 나는 불교의 교리와 수행이 내가 배운 심리학 이론과 비슷한 점이 많다는 것을 알았다. 불교는 단순히 믿고 따르는 맹목이 아니라 과학적이고 논리적인 체계를 갖춘 종교였다. 그 점이 나를 불교의 세계로 이끌었다.

인간이 만물의 영장인 것은 생각하는 존재이기 때문이다. 그 생각이 수많은 문제를 야기하지만 또 그 생각으로 스스로를 평화롭고 자유로운 존재로 만들 수 있다. 신비롭지 않은가? 나는 크고 작은 고통에 시달리는 사람들이 자신을 괴롭히는 온갖 생각을 당장 멈추고 그 생각 너머에 있는 진짜 '나'를 깨닫기를 바랐다. 물론 그런 가르침이 삶의 모든 고통과 괴로움을 모두 사라지게 하는 것은 아니었다. 살아있는 한 우리에게 고통은 모습을 달리할 뿐 끝없이 계속되기 때문이다. 그때마다 우리가 할 일은 스스로를 보살피는 것이다. 나를 미워하지 않도록, 울게 내버려두지 않는 것이다. 자유롭고 고요하고 평온한 '나'에 이르기 위한 빠르고 유일한 방법은 자신을 돌보는 길밖에 없다. '자기 돌봄', 지난 20여 년간 내가 학생들과 수련생들에게 강조한 것은 이 한마디로 모아진다.

자기 돌봄은 잠시도 생각이 끊어지지 않는 내 마음이 엉뚱한 곳
으로 달아나 나를 괴롭히지 않도록 하는 것에서 시작한다. 그것은
나를 괴롭게 하는 생각의 쳇바퀴를 멈추고(멈춤), 순간순간 깨어있
으면서 내 마음을 관찰하고(깨어있기, 마음챙김), 진짜 '나'를 인식하
여(통찰), 마침내 나를 사랑하고 온 세상을 껴안기(포용, 완전한 깨달
음)에 이르는 과정이다.

깨어있다는 것은 무엇인가

'깨어있기 혁명mindfulness revolution'이라는 말이 있다. '깨어있기'
는 매 순간 나에게 일어나는 일과 그에 대해 내가 어떤 반응을 일으
키는지 정확히 알고 있는 의식의 특징이다. 한마디로 '현재를 자각
하다.'라는 뜻이다. (깨어있기는 '마음챙김'이라고도 하며, 의미와 뜻은 같
다.) '혁명'이라는 다소 격한 표현을 쓴 것은 '깨어있기'를 통해 나
자신에게 매우 크고 심오한 변화가 일어나기 때문이다.

오랜 시간 많은 사람들에게 '깨어있기' 명상을 가르쳐온 나는 이
단순한 수련법이 어떻게 스트레스를 감소시키고 정신적 명료함을
가져오며 우리의 가슴을 열어주는지 수없이 확인하고 경험했다. 놀

라운 것은 깨어있기가 한 사람에게만 영향을 주는 것이 아니라 그 가족, 주변 사람들 등 그가 속한 세계를 변화시키고 치유한다는 점이다. 그 힘이 차츰 넓어지면 온 세상을 변화시킬 수 있다.

이러한 깨어있기의 힘은 수천 년 동안 많은 명상가들에게서 전해져 왔으며, 오늘날 과학적으로 증명되고 있다. 수많은 뇌 과학자와 심리학자들이 '명상이 몸의 통증과 불안, 우울을 완화시키며, 활력과 기억력을 향상시킨다.'는 연구 결과를 발표했다. 이제 명상을 신비주의에 갇힌 시각으로 바라보거나 혹은 특정 종교의 수행법 정도로 여기는 것은 편견에 불과하다. 깨어있기는 교육과 의료 정신 건강, 중독 등 여러 영역에서 활용되고 있으며, '마음관리' 단체는 물론 집이나 회사, 학교 등 일상에서 명상을 하는 이들 또한 나날이 늘어가고 있다.

깨어있기를 실천하는 이들은 자신의 잠재력을 활용하여 바르게 생각하고 말하고 행동하여 온전한 삶을 살아간다. 하지만 그들은 전혀 특별하지 않다. 사실 당신과 나처럼 지극히 평범한 사람들이다. 달리 말하면 우리 모두 그런 잠재력을 충분히 활용하며 잘 살 수 있다는 뜻이다. 내 안의 무한한 힘을 모른 채 바깥에서만 삶의 문제를 해결하려 든다면 손에 열쇠를 들고 엉뚱한 곳에서 찾아 헤매는 격이다.

바쁘다는 것은
마음을 죽이는 일이다

　우리는 문득 삶을 제대로 살고 있지 못하다고 느낄 때가 있다. 그 순간의 나는 어떤 모습인가. 이런저런 스트레스에 시달리며 가족이나 친구 등 가까운 사람들과도 진심으로 소통하지 못한다, 끊임없이 무언가를 사들이느라 바쁘다, 늘 다른 사람들의 시선을 의식하며 그들의 판단에 따라 이리저리 움직인다, 미래를 걱정하고 수많은 계획과 다짐을 세우느라 잠시도 생각을 놓지 못한다, 열심히 바쁘게 살아가지만 늘 뭔가 빠져 있는 것처럼 허전하다…….

　한자 '바쁠 망忙'은 '마음 심心'과 '죽을 망亡'으로 이루어져 있다. 즉 '바쁘다'에는 '마음을 죽인다'는 의미가 포함된다. 보통 '정신없이 바쁘다.'는 말을 즐겨 쓴다. 그런데 정신이 없다면 과연 살아있다고 할 수 있을까? 우리는 태어나자마자 서서히 삶의 속도를 높여가며 '인생에서 해야 할 일'의 목록을 하나씩 행동으로 옮기며 살아간다. 학교에 들어가고 직장을 구하고 연애하고 결혼하고 아이를 낳고……. 그렇게 삶의 궤도를 바쁘게 밟아가는 동안 우리는 우리의 타고난 지혜로부터, 그리고 가슴으로부터 조금씩 멀어진다. 그러다 어느 순간 친숙했던 주위 사람들이 낯설게 느껴지고, 모든 일에 부정적인 반응을 보이며, 자기 자신을 믿지 못하고 불편해한다.

이때 느끼는 낯섦과 불안, 불만, 부정, 허전함은 내 본래의 가슴, 편안함으로 돌아가고자 하는 일종의 '향수병'이다. 향수병은 태어난 집과 고향을 그리는 마음이다. 본래 순수하고 고요하고 평안한 존재로서의 '나'가 바로 나의 '집'이자 '고향'이다. 그 집을 잃어버리거나 너무 멀어졌을 때 우리에게는 돌아가고자 하는 본능이 일어난다.

향수병을 낫게 하려면 집으로 돌아가면 된다. 깨어있음은 우리에게 집으로 돌아가는 길을 안내한다. 내가 느끼는 현재의 모든 감각과 감정을 자각함으로써 '나'라는 순수한 존재에 마음을 열게 한다. 나의 '집'에 돌아온 나는 비로소 편안하고 자유로워진다.

가슴과 마음은 어떻게 다른가

깨어있기는 우리에게 일어나는 모든 순간을 어떠한 판단도 개입시키지 않은 채 바로 보는 것이다. 깨어있기mindfulness는 '마음챙김'으로도 번역하는데, '가슴챙김heartfulness'과 상호의존적인 관계에 놓여 있다. 마음mind과 가슴heart은 어떻게 다른가. 아시아의 여러 나라에서는 마음과 가슴을 동일어로 쓰기도 한다. 그러나 마음은 어떤 현상에 대해 머리로써 판단하고 일으키는 나의 반응이며,

가슴은 있는 그대로 느끼고 바라보는 순수한 '나'다. 즉 진짜 '나'는 가슴에 있다. 그 가슴을 닫아둔 채 내 경험과 판단이 지어낸 마음을 좇아가기 때문에 우리 삶은 계속 불안하고 갈등하고 불행한 것이다. 깨어있기는 바로 내 마음의 모습과 현재를 자각함으로써 가슴 속의 진짜 '나'를 깨우치도록 이끈다.

가슴속의 진짜 나를 알면 이리저리 쏠려 다니는 마음을 다룰 수 있다. 시시각각 마음에 일어나는 여러 감정과 생각, 느낌을 있는 그대로 지켜보게 한다. 이는 소금과 물로 비유할 수 있다. 만약 작은 그릇에 소금을 집어넣으면 거기 담긴 물은 매우 짠맛이 날 것이다. 하지만 호수에 소금을 조금 넣는다고 호수에서 짠맛이 나지는 않는다. 우리의 마음이 호수라면 지금 나에게 어떤 일이 일어나도 동요하지 않고 품어 안을 수 있다.

마음챙김과 가슴챙김, 이 두 날개는 호수처럼 드넓은 공간으로 '나'라는 존재를 이끈다. 아무리 바쁘고 힘들고 고통스럽게 살아가는 사람이라도 편안하고 자유롭게 쉬어 갈 공간을 내면에 만들어준다. 그 공간은 '사랑에 찬 현존現存'이라는 성소聖所다. 그 성소에서 나는 나와 세상의 모든 것을 바로 보고 느끼고 있는 그대로 받아들이는 '사랑의 존재'로 거듭난다. 자연이 모든 인간과 생명체 안에 심어둔 것이 바로 '사랑'이다. 사랑에 찬 현존이란 다시 말하면 '우리 자신의 본성으로 돌아온다.'는 의미다.

인생에서 반드시
믿어야 할 두 가지

몇 년 전 티베트의 지도자 달라이라마와 교사들의 모임이 있었다. 한 교사가 '치유와 자유'라는 관점에서 학생들에게 도움이 되는 말을 해달라고 하자 달라이라마가 말했다.

"학생들에게 이렇게 말해주십시오. 어떤 상황에서도 자신의 가슴과 자각의 힘을 신뢰하라고 말입니다."

달라이라마의 그 말을 나는 지금도 잊지 못한다. '자신의 가슴과 자각의 힘에 대한 신뢰', 달라이라마는 우리가 인생의 모든 고통에서 벗어날 수 있는 법을 정확하게 알려주었다. 사람들은 건강해지기 위해 운동을 한다. 그러나 마음의 운동은 하지 않는다. 행복해지기 위해 먹고 음악을 듣고 그림을 그리고 여행을 한다. 그러나 마음은 돌보지 않는다. 현실의 고통과 괴로움을 없애기 위해 담배와 술, 약물을 복용하거나 어떤 특정한 취미에 미친 듯이 중독되기도 한다. 그러나 마음의 소리는 외면한다. 우리에게는 이미 행복해질 수 있는 능력이 충분한데, 이를 믿지 않고 다른 무엇에서 찾고 있는 것이다.

지금 만약 당신이 슬픔, 분노, 절망, 질투, 갈등, 불안에 휩싸여 있다면 자신의 내면을 돌아봐야 하는 아주 중요한 시점이라는 뜻이다. 지금까지 살아온 '나'가 아니라 그 안의 진짜 나를 찾아야 한다. 한 그루의 나무에는 무수한 가지가 있다. 우리는 그 가지에 잎과 꽃과 열매만 바라볼 뿐 땅속의 뿌리는 보지 못한다. 가지 하나하나가 일상의 '나'라면 땅속 깊숙한 곳의 거대한 뿌리가 진짜 '나'다. 그 뿌리의 힘을 인식하면, 봄여름가을겨울 나무에게 일어나는 모든 일을 있는 그대로 받아들이며 비로소 나무의 평화를 느낄 수 있게 된다.

깨어있기에서 가장 중요한 것은 우리의 태도다. 깨어있기는 지금 나와 나의 마음이 친구가 되는 과정이다. 우정과 관심으로 자신의 경험과 관계 맺는 법을 배우는 것이다. 우정이란 무엇일까. 친구에 대해 어떤 판단도 하지 않고, 인내해주면서 우리가 가진 시간과 관심을 쏟는 것이 곧 우정이다. 내 마음과 친구가 된다는 것은 마음을 찾아가 보살피고 돌보며, 진짜 '나'로 돌아올 수 있도록 기다리는 것이다. 아프가니스탄의 수피 잘랄루딘 루미는 말했다.

"당신은 자기 자신에게 자주 찾아가고 있습니까?"

우리 내면의 삶을 찾아가 그것과 친구가 되는 방법이 깨어있기 연습이다. 우리가 거기서 발견하게 되는 것은 삶의 모든 영역으로 확장될 수 있다. 어느 위대한 선사는 이것을 이렇게 표현했다. "마음을 열면 우리는 모든 것과 친밀해집니다."

나의 마음을 돌봄으로써 나의 일과 사랑, 인간관계, 사물들, 햇빛,

바람, 풀 한 포기까지, 내가 보고 느끼는 모든 것에 관심을 갖게 되고 친밀감을 느낀다는 뜻이다.

당신은 누구를
돌보고 있는가

'깨어있기'는 나를 보살피고 돌보는 과정이다. 이 책에서 제시하는 명상법 가운데 어떤 것은 당신의 기질과 필요에 맞는 반면 어떤 것은 다소 낯설고 현재 자신에게 필요하지 않다고 느낄 수 있다. 또 자신에게 적합한 또 다른 명상법이 있을지도 모른다. 그러나 명상은 수천 년 동안 수많은 사람들의 연구와 실천을 통해 내면의 능력을 일깨우도록 고안되었다. 명상을 신뢰하고 열린 마음으로 대한다면 내 삶을 달라지게 할 수 있을 것이다. 무엇보다 중요한 것은 자기 자신의 목소리에 귀 기울이는 일이다. 나 자신에게 '깨어있는 마음'의 능력과 함께 '깨어있는 가슴'의 능력도 있음을 잊지 말아야 한다.

많은 사람들이 명상의 핵심은 무엇이냐고 묻는다. 그들에게 나는 달라이라마의 짧은 이야기를 들려준다. 달라이라마가 《혁명적인 행복의 기술》이란 책을 펴낸 뒤 한 기자에게서 질문을 받았다. "당신의 삶에서 가장 행복한 순간은 언제였습니까?"

달라이라마는 잠시 침묵하더니 이내 장난기 가득한 표정으로 말했다.

"아마 지금인 것 같군요."

그러자 사방에서 웃음이 터져 나왔다. 나는 그 말이 마음에 든다. 깨어있기의 핵심이 담겨 있기 때문이다. 깨어있기는 바로 지금 여기에서 우리의 현재를 알아차리는 능력을 키우는 일이다. 지금 이 순간 내 마음에 일어나는 모든 것을 자각하는 법을 익히는 과정이다. 달라이라마가 지금 이 순간을 가장 행복하다고 말한 것은, 지금 이 순간을 살고 있다는 뜻이다. 자, 당신에게도 한 가지 묻겠다. "당신은 지금 여기에 있습니까?"

패스트푸드 명상과
진짜 깨달음

세상에는 명상에 관한 수많은 이야기와 방법이 있다. 그 가운데는 자기계발서처럼 몇 가지 방법론을 단순하게 제시하기도 한다. 이를테면 '완벽한 배우자를 찾는 3단계' '날씬한 몸매를 위한 5가지 방법'처럼 명상을 다루는 것이다. 어느 책에는 마음 수련법 중 하나로 '이어폰을 꽂고 잠이 들면 뇌가 거기에 반응한다.'고 쓰여 있었다. 이런 일도 있었다. 내가 명상지도자 교육을 받은 '통찰명상협회 Insight Meditation Society'에 편지 한 통이 배달되었는데 봉투에 '인스턴트 명상Instant Meditation'으로 잘못 적혀 있었다. 순식간에 명상이 즉석식품이 되어버린 것이다. 어쩌면 명상에 대한 편견이 만든 그림자일지 모른다.

깨어있기는 간단하게 먹고 금방 잊어버리는 패스트푸드가 아니다. 오직 나의 경험과 체험을 통해 자연스럽게 마음의 변화를 이끌어내는 것이다. '나'에 대한 사려 깊은 관찰로 잠들어 있는 가슴을 깨우는 것이다. 몇 가지 방법으로 순간의 편안함, 만족을 유도하는 것이 아니다. 완전한 존재로서의 '나'의 모습을 깨닫는 순간 나는 자연스럽게 흘러갈 것이다. 모든 물이 바다로 흘러드는 것처럼.

차례

1부

∞

나는 뭔가 부족하다는 생각을 멈춰라

원인을 알면 문제 해결은 쉬워진다. 우리의 문제는 우리 자신을 모르기 때문에 생긴다. 웃고 있는 '나', 울고 있는 '나', 화내고 있는 '나', 괴로워하는 '나', 우울한 '나'……, 주어진 상황과 조건, 환경에 따라 달라지는 이 모습이 과연 진정한 '나'인가? 불교에서는 수많은 감정을 걷어내고 순수한 '나'를 깨달으라고 한다. 나의 근본을 알면 그 같은 감정에 끌려다니지 않게 된다. 나의 근본 깨닫기, 이 의식의 깨어남이 불교 수행의 원리다. 불교의 가르침은 과학적으로도 연구되고 있다. 우리가 '나'를 어떻게 잃어버렸는지, 왜 스스로 자아를 부족하고 나쁘게 생각하는지, 우리를 힘들게 하는 '고통'은 어디에서 비롯되었는지에 대한 불교의 가르침은 진화적 측면에서도 꽤 설득력이 있기 때문이다.

우리는 존재 자체로 완전하다. 그러나 그 사실을 모르는 우리는 우리가 지어낸 또 다른 '나'가 되기 위해 부단히 노력한다. 그럴수록 진짜 '나'와 점점 멀어진다. 우리가 진정으로 누구인지 모른다면, 비록 우리가 원하는 삶에 도달했더라도 삶의 고통은 계속될 뿐이다. 끝없이 이어지는 이 수레바퀴를 멈출 수 있는 이는 누구인가. 바로 '나'다. 1부는 우리의 진정한 본성을 찾아가는 여정에서 만나는 이야기다.

좋거나 나쁜 것은 없다
단지 생각이 있을 뿐이다

나는 늘 누군가의 도움을
기다리고 있다

고통을 바라보는 불교의 관점은 수많은 서구 심리학파들의 이론
과 공통되는 점이 많다. 어쩌면 당연한 것인지도 모른다. 인간의 이
성과 지혜는 여러 문화를 통해 비슷하게 드러나기 때문이다.

불교에서는 우리가 고통을 느끼는 것은 스스로를 '분리된 자아'
로 생각하는 것에서 비롯된다고 본다. 여기에는 인간이 육체와 자
신을 동일시한다는 존재론적인 인식이 있다. 즉 세상의 모든 생명
체는 그것이 한 개의 세포로 이루어진 단세포 생물체이건 인간처럼
복잡한 생명체이건, 자신의 세포막 안은 곧 '나'이며 바깥은 '내가

1부 ∞ 나는 뭔가 부족하다는 생각을 멈춰라   25

아니다.'라고 생각하는 것이다.

이렇게 분리된 자아가 갖는 기본적인 기분은 두려움이다. 무언가 결여되어 있거나 뭔가 잘못되었다고 느끼는 것이다. 그 속에는 모든 생명체는 언젠가는 반드시 사라진다는 죽음의 필연성에 대한 불안이 자리한다. 결핍감과 죽음에 대한 불안은 생명체의 무의식 속에 즐거움이 있을 때는 그것을 꽉 쥐고 더 많이 얻으려 하고, 불쾌함이 있을 때는 그것을 밀어내려는 자연스러운 반응을 일으킨다. 결국 '분리된 자아'라는 감각은 점점 강화되고 즐거움, 쾌락을 붙들려는 본능 또한 강해진다.

인간의 무의식 속에 뿌리내린, 존재에 대한 불안감을 '근본 불안'이라고 한다. 종교는 자신의 자아가 어떤 식으로든 위협받고 있다는 불안감에서 탄생했다. 윌리엄 제임스는 "세상의 모든 종교는 '도와줘!'라는 외침에서 시작되었다."라고 말하기도 했다. 생각해보면 인간은 일생 동안 '아아, 내 힘으로 어떻게 할 수 없어. 어떻게 하지?'라는 불안감에 붙들린 채 살아가는 듯하다.

두려움은 '자아'를 더욱 자극한다. 스스로를 두려움으로부터 보호하기 위해 정신적으로 다양한 전략을 쓰는 것이다. 무엇무엇을 해야 한다, 하지 말아야 한다와 같은 강박적 사고와 자기 비난, 그리고 자기를 마비시키는 행위를 통해 두려움에서 벗어나려고 한다.

다시 말하면, 이 모든 것의 핵심에는 근본적인 불신이 자리한다.

믿음이 하나의 소속감이라면, 불신은 어딘가에 소속되어 있지 않다는 느낌이다. 불신은 '자아'를 나쁜 것이라고 느끼게 만든다. 스스로를 무가치하다고 생각하게 만든다. 그러나 역설적이게도 자아는 우리 내면의 진정한 평화를 찾아가는 여정에서 반드시 필요하다.

분리와 불안의 관계는 인간의 진화적 관점에서 보면 좀 더 명확해진다. 연구에 따르면 인간의 뇌는 하룻밤에도 열 번씩 깨어 주변 환경을 살핀다고 한다. 뭔가 잘못된 것은 없는지, 위험은 없는지 확인하기 위해서다. 확인이 끝나면 다시 잠에 빠진다. 이렇게 기민하게 깨어있는 것은 진화의 결과다. 생명체는 늘 위험 속에 노출되어 있으므로 긴장을 늦추지 않고 깨어있어야 목숨을 유지할 수 있기 때문이다. 인간의 뇌 또한 위험에 대한 감각이 점점 강화되면서, 우리 내면에는 언제든 뭔가 잘못될 수 있다는 무의식적인 생각이 흐르게 되었다.

그런데 그것이 반드시 정서적인 괴로움으로 이어지는 것은 아니다. 포유류를 비롯한 대개의 생물들은 인간과 동일한 불안감이 있다. 그렇다면 왜 유독 인간이 가진 불안감이 지속적인 괴로움을 일으키는 것인가. 인간에게는 고도로 발달된 사고 능력이 있다. 인간은 우리가 아는 다른 어떤 생명체보다 과거의 일을 더 잘 기억하고 미래의 일을 철저하게 계획한다. 이는 우리가 상처받고 괴로움과 맞닥뜨릴 때 그것을 없애는 방법과 능력을 더 많이 갖고 있다는 뜻이다. 우리는 똑같은 괴로운 경험을 다시 하지 않기 위해, 미래에 일어날지도 모를 문제를 예방하기 위해 강박적으로 계획을 세우려는 동기를 더 많이 갖고 있다.

이렇게 무엇인가가 잘못되었다는 느낌(수치심이나 두려움, 분노 등도 이러한 느낌이 다양한 감정 형태로 드러난 것이다.)은 지속적인 마음 상태가 되어버린다. 우리의 정체성에 대한 감각은 그것에 낚여버린다. 나아가 우리는 단지 무언가가 잘못된 것이 아니라 '내가' 잘못되었다는 느낌에 매이게 된다.

개인주의가 발달한 오늘날의 사회는 그러한 점을 강화시킨다. 진실하고 친밀한 공동체 개념이 사라지면서 개인의 소속감은 점점 사라지는 가운데 개개인은 자신이 '문제없는 괜찮은' 존재임을 증명하기 위해, 다른 사람들에게 받아들여지기 위해, 사랑받을 수 있는 존재가 되기 위해 특정한 기준을 세운 뒤 그것을 충족시키려고 애를 쓴다. 자신이 특별한 존재임을 스스로에게 증명하려는 것이다. 특별한 모습과 특별한 행동을 통해서 말이다. 이러한 행동의 바탕에는 우리가 자연스러운 존재 그 자체로서 충분하지 않다는 무의식이 깔려 있다.

'지금 이대로 괜찮지 않고 무가치하다.'는 미몽 상태는 한 개인의 가정이나 유전적 기질에 따라 서로 그 정도와 모습을 달리한다. 만약 가정에서 극도의 신체적, 성적, 정서적 학대를 당한 경우에는 상처와 그것에 대한 기억 그리고 향후의 강박적 사고가 훨씬 더 심하게 나타난다. 그렇지만 상처가 그다지 분명하지 않은 경우에도 자신이 중요한 존재가 아니라는 느낌, 있어도 그만 없어도 그만인 존재라는 생각, 이대로 충분하지 않다는 생각이 뿌리 깊게 자리 잡을 수 있다.

한 가족이 레스토랑에 식사하러 갔다. 부부가 음식을 주문하려는데 아이가 불쑥 말했다. "나는 핫도그와 프렌치프라이, 그리고 콜라를 먹을래." 아버지가 그 말을 무시하며 다시 주문했다. "안 돼! 너는 미트 로프와 으깬 감자, 그리고 당근을 먹어." 아이의 표정이 울상으로 변했다. 그러자 메뉴를 적고 있던 웨이트리스가 아이를 바라보며 친절하게 물었다. "애야, 핫도그에 어떤 소스를 뿌려줄까?" 부부는 당황했다. 웨이트리스가 주방으로 가버린 뒤 아이가 말했다. "엄마, 저분은 나를 진짜라고 생각하는 것 같아요!"

우리가 우리에게 필요한 관심을 받지 못할 때, 있으나마나 한 존재로 여겨질 때, 우리에게 중요한 것이 전혀 고려되지 않을 때, 우리에게 필요한 방식으로 사랑받지 못할 때, 우리는 이런 결론을 뿌리 깊이 내린다. "나는 사랑받지 못하는 존재야. 나는 특별하지 않아. 나는 무가치한 존재야." 이러한 날것 그대로의 느낌을 느끼는 것은 무척 괴롭다. 그래서 우리는 "나는 거절당할 거야. 나는 혼자 상처와 수치심을 느껴야만 할 거야."와 같은 핵심적인 괴로움을 느끼지 않기 위해 다양한 전략으로 자신을 무장시킨다.

자신의 취약함을 감추기 위한 은폐다. 그냥 느끼기에는 너무나 고통스러운 제대로 살지 못한 삶, 엉켜버린 삶, 상처와 같은 것을 은폐하는 것이다. 이것은 마치 우주인이 우주 공간에서 안전을 위해 입은 우주복과 같다. 다시 말해 우리가 스스로를 두려움으로부터 방어하기 위해 다양한 전략과 정신적 구조 및 과정을 형성한다는 의미다.

우리 모두는 자기만의 위장 전략, 자기만의 우주복, 자기만의 가면을 마련해두고 있다. 어떤 이는 커다란 성취를 통해 자신을 증명하려 한다. 또 '눈에 띄지 않음'이라는 망토를 뒤집어쓰고 스스로를 가려버린다. 자신의 경험을 속이거나 과장하거나 왜곡하기도 한다. 섹스나 도박, 약물, 카페인, 향락 같은 여러 중독 행동에 탐닉하기도 한다. 모두 자신의 취약함을 감추기 위한 우주복들이다.

그 가운데 우리가 사용하는 가장 일반적인 '우주복' 전략, 다시 말해 우리를 부족함의 느낌에 계속해서 가둬놓는 가장 기본적인 전략은 바로 '판단'이다. 우리는 다른 사람을 비난하고 못마땅하게 생각하지만, 사실 우리는 자기 자신과 더 사이좋게 지내지 못하고 있다. 이것 역시 우주복 전략 가운데 하나다. 우리는 자신을 바꾸려고 한다. 더 나은 사람이 되려고 한다. 지금 상태로 '괜찮지 않다.'는 무력감을 있는 그대로 맛보지 않기 위해 그로부터 달아나려 한다. 무가치함이라는 미몽 상태에 빠진 우리는 다양한 은폐 전략을 마련한다. 그리고 자신을 그것과 동일시해버린다. 그 우주복이 곧 '내가 누구인가'를 말해준다고 믿기 때문이다.

우리는 부정적인 것에 끌리는 유전자를 가졌다

인간의 뇌 신경계nervous system는 잠시도 가만있지 않고 주위를 살피는 신경증적인 시스템이다. 항상 문제점을 찾아내고 그 문제를 해결하려고 기를 쓴다. 내 친구는 그것을 이렇게 묘사했다. '카페인을 많이 섭취해 무척 예민해진 다람쥐 한 마리가 우리 머릿속에 살고 있는데 그 녀석은 우리에게 또 무엇이 잘못될 것인지를 호시탐탐 찾으려 한다.'

그뿐만이 아니다. 인간의 뇌 신경계는 잘된 일보다 잘못된 일이 더 잘 각인되도록 만들어져 있다. 우리 몸의 교감신경을 설명해주는 '싸움-도망 반응fight or flight reaction'이 바로 그 예다. 만약 누군가와 싸우게 되거나 도망을 가야 하는 상황에 처한다면 우리 몸은 싸움이나 도망에 유리하도록 반응한다. 동공이 커지고 혈액량을 늘리기 위해 심장 박동이 빨라지는 등의 즉각적인 변화가 일어나는 것이다. 즉 우리 몸은 본능적으로 부정적인 것에 대해 더 반응한다고 할 수 있다. 고통은 찍찍이처럼 들러붙지만 즐거움은 테플론(음식이 들러붙지 않도록 프라이팬 등에 칠하는 물질)처럼 붙지 않는 것처럼 말이다.

또 불안한 자아는 경험에 의해 학습된다. 불안과 두려움, 부정적인 감정은 한번 경험하면 더 강력하게 내면을 지배한다. 아무리 많은 성공을 거두었어도 부정적인 것에 대한 편향된 의식은 완전히 잠재우기 어렵다. 한번 실패를 경험하거나 상처를 입은 뒤에는 일이 술술 잘 풀려도 깊숙이 잠재된 부정적인 인식은 항상 남아 있다.

문제는 항상적으로 존재하는 감정적 고통이다. 그것은 앞서 말한 '싸움-도망 반응'이 건강하지 못한 방식으로 악순환을 이루는 경우다. 두려운 생각은 두려운 느낌을 일으키고 그 두려운 느낌이 다시 두려운 생각을 일으키게 되어 결국 나 자신은 늘 어떤 위험에 처해 있으며, 지금 있는 그대로 충분하지 않은 존재라고 느끼게 된다. 이것이 인간 모두가 갖고 있는 '감정적 고통'이다. 감정적 고통은 스스로 빠져나오지 못하는 일종의 함정과 비슷하다. 이를 불교심리학에서는 지금 있는 그대로를 '괜찮지 않다.'고 믿는 일종의 발달적 정체라고 본다.

감정적 고통에 사로잡혀 있을 때 우리는 진리와 단절된다. 모든 생명이 하나로 연결되며 관계를 맺는다는 전체성, 그리고 여기에서 비롯되는 사랑과의 연결도 끊어진다. 우리가 본능적인 반응으로 고통과 부정에만 집중한다면 우리는 사랑을 느끼거나 나와 다른 사람에게 친절을 베풀 수 없다. 그러나 이 말은 우리가 감정적 고통을 절대 느껴서는 안 된다는 의미가 아니다. 감정적 고통은 인간의 자연스러운 본능이기 때문이다.

문제는 감정적 고통이 지속적으로 일어나 '나'를 위협하고 타인을 망가트리는 위험 수위에 있을 때다. 이때 우리는 순수한 나, 사랑의 존재인 나로 돌아가야만 한다. 하지만 우리는 전체성으로서의 '나'에 대해 알지 못하고 믿지 않기에 늘 똑같은 고통의 자리에 맴돌 뿐이다.

얼마 전 발도르프 학교에 다니는 아들이 미술 시간에 겪은 일이다. 유독 그림에 열중해 있는 한 아이에게 미술 교사가 물었다. "애야, 지금 너는 뭘 그리고 있니?" 아이가 대답했다. "하느님을 그리고 있어요." 교사는 어깨를 으쓱하며 "하느님의 모습을 본 사람은 없단다. 아무도 하느님이 어떻게 생겼는지 알지 못해."라고 말했다. 그러나 아이는 조금도 망설이지 않고 답했다. "그럼, 곧 아시게 될 거예요."

교사는 하느님을 본 적이 없으니 어떻게 생겼는지 모른다고 말한다. 우리도 그렇다. 감정적 고통에 갇힌 우리는 우리가 속한 더 큰 세계와 단절되고, 단절된 사실조차 모르는 탓에 마음을 열지 못한다.

시인이자 교사, 철학자인 존 오도나휴가 말했다. "우리는 우리의 진짜 본성을 잊고 살아간다. 우리는 삶을 관리하느라 너무 바빠서 우리가 관계 맺고 있는 이 위대한 신비를 덮어버린다."

우리는 어떻게 우리의 본성을 잊어버리는가? 왜 성장할수록 더 잘 잊어버리는가? 앞에서 말한 것처럼 부정적인 것에 쏠리는 유전자 때문이다. 그리고 우리를 둘러싸고 있는 환경이 큰 영향을 미친다. 방송과 인터넷, 미디어, 신문 등에서는 위험하고 불안한 삶의 이야기를 끊임없이 쏟아낸다. 그럴수록 우리의 신경계는 점점 더 불안의 늪 속으로 빠져든다. 부정적인 것에 쏠리는 우리의 성향이 그런 문화를 만들어냈을 것이고 이것 또한 악순환된다.

또한 주위에서는 '당신이 성공하려면' 혹은 '당신이 괜찮은 사람이 되려면' 일정한 기준을 만족시켜야 한다는 메시지를 끊임없이 보낸다. 그 메시지에 빠진 우리는 나는 부족한 사람, 모자라고 못난 사람으로 인식하며 뭔가를 채우기 위해 몸과 마음의 에너지를 쏟아낸다.

이러한 자기 인식과 자기에 대한 믿음은 가정환경, 특히 부모와 깊은 상관관계가 있다. 가정에서 부모와 애착관계가 좋을수록 자신에 대한 신뢰 수준은 높아진다. 부모와 건강한 애착관계를 맺지 못한 이라면 분리와 '괜찮지 않음'의 감각에 휘둘려 불안한 정신세계를 형성하게 된다. 가족이 나를 돌봐주고 이해해준다는 느낌을 받으면 우리의 근원적인 두려움은 훨씬 누그러지며, 이는 우리가 전체성의 감각과 접촉하는 데 도움을 준다.

나는 더 이상 나 자신과
싸우고 싶지 않다

나에게 고민을 털어놓는 내담자들과 수련생들이 공통적으로 호소하는 것은 '나를 믿지 못하겠어. 나는 뭔가 잘못되었어. 나는 실패자야.'라는 고통이었다. 그들은 고통에서 벗어나고 싶어 했지만 그럴수록 더 깊은 고통에 빠졌다. 나는 그들에게 고통의 진짜 원인이 무엇인지 생각해보라고 권유했다. 그리고 내가 살고 있는 환경, 문화, 가족 등 외부적인 요인 때문에 스스로를 부족하다고 느끼는 정체성을 가진다는 사실을 깨닫도록 했다.

내가 내담자들에게 자주 보여주는 만화가 있다. 아주 멋진 개와 정신과의사가 대화를 나누는 장면에서 개가 의사에게 이렇게 묻는다. "이 개도 좋은 개, 저 개도 좋은 개인데 내가 정말 '훌륭한 개'가 될 수 있을까요?" 다른 개들은 모두 나보다 낫다고 생각하며, 자신은 늘 부족하다고 느끼는 개의 이야기다. 자, 우리의 모습은 어떠한가?

또 내가 좋아하는 기도가 있다. 아마 당신도 잘 알 것이다. 밤에 잠들기 전 하느님께 드리는 기도다. "별문제 없이 오늘 하루를 보낼 수 있게 해주셔서 감사합니다. 저는 오늘 하루 사람들을 험담하지 않았고 커다란 욕심을 부리지도 않았습니다. 큰 불평도 하지 않았고 이기적인 생각에 빠지지도 않았습니다. 내 모든 것에 만족하게 해주셔서 감사합니다."

그러나 다음 날 아침 침대에서 일어나자마자 그 감사의 기도는 잊어버린다. 언제 그런 기도를 했냐는 듯 온갖 문제를 일으킨다. "나를 믿지 못하겠어." "나는 부족해." "나는 다른 사람보다 못났어." "내가 그렇지 뭐." …… 어쩌면 '무가치함'은 우리 머릿속에서 시계태엽처럼 재깍거리고 있는지도 모른다. 스스로에게 물어보라. 나는 나 자신에 대해 얼마나 가혹한 판단을 내리고 있는가?

자신이 무가치하다고 느끼는 생각은 '덫'이다. 산짐승들은 방심하다가 덫을 밟아 목숨을 잃는다. 우리도 평소 '나는 잘못되었다, 문제가 있다고 생각하는 사실'을 잘 깨닫지 못한다. 그리고 그런 생각이 은연중에 우리의 말과 행동, 생각에 영향을 미치고 있다는 사실 역시 알지 못한다. 이를테면 나의 명상 강연회에 모인 사람들은 명상을 하면서도 이렇게 생각한다. '오늘 점심은 누구와 먹지? 내 옆에는 누가 앉을까?' 어엿한 성인임에도 불구하고 다른 사람을 의식하며 이런 걱정을 하는 것이다.

많은 부모들도 무가치함의 덫에 빠져 있다. 그들은 아이들에게 완벽한 부모가 되어주기 위해 노력한다. 자신들은 모자란 부모라고 끊임없이 생각하며 불안해한다. 선천적인 질병을 갖고 태어난 아이의 부모는 병의 원인이 자신들에게 있다고 생각한다. 아이들의 성장과 교육을 위해 할 수 있는 만큼 하면서도 부족하다고 여긴다. 양육 과정에서 자기 의도와는 상관없이 일어나는 여러 가지 불행한 일에 부모는 끊임없이 자책한다. 그 자책이 오히려 자신과 아이를 불행하게 만들기도 한다.

또 부모들은 자녀를 있는 그대로 보지 않고 모자라고 부족한 면을 본다. 그 부족함을 채우려는 부모의 지나친 노력과 자녀가 변화되기를 바라는 마음이 부모와 자녀 사이에 갈등과 미움을 일으킨다.

부부관계에서도 마찬가지다. 배우자와 친밀한 관계를 원하는 마음 깊은 곳에는 오로지 배우자가 자기만을 사랑해주기를 바란다. 자신의 말을 들어주고 마음을 한 번에 알아주기를 바란다. 이는 나를 부족하고 못난 존재로 인식하기 때문이다.

실직을 당하거나 시험에 실패했을 때도 모두 내 잘못으로 받아들이고 좀 더 노력을 했어야 했다는 식으로 자책한다.

이러한 불안과 괴로움, 고통이 심해지면 우리는 그것을 잊기 위해 자신을 마비시키는 중독에 빠진다. 대표적인 예가 알코올과 약물이다. 술과 약물은 잠깐 고통을 잊게 하지만 문제를 해결할 수는 없다. 비록 자신이 중독에 빠졌다는 것을 인정하더라도 그 원인을 알아내는 것은 쉽지 않다.

어느 수련생이 임종이 가까운 어머니 곁을 지키면서 있었던 이야기를 들려주었다. 며칠째 혼수상태를 오가던 어머니가 어느 순간 눈을 뜨고 침대 곁에 앉아 있는 딸을 똑바로 바라보며 말했다. "애야. 엄마는 평생토록 엄마가 뭔가 잘못되었다고 생각하며 살았단다."

그리고 어머니는 다시 혼수상태에 빠졌고 영영 깨어나지 못했다. 수련생은 어머니가 유언처럼 남긴 그 말을 잊지 못했다. 그녀는 말했다. "어머니가 돌아가시면서 남기신 말은 나에게 아주 큰 '선물'이었습니다." 어머니는 평생 자신을 무가치한 존재로 생각하고 열등감 속에 많은 것을 놓치며 살았다. 그리고 그 사실을 마지막 죽음의 순간에 깨닫고 딸에게는 그렇게 살지 말라는 뜻으로 유언을 남긴 것이다. 딸은 그 말을 듣고 자신이 지금 어떤 삶을 살고 있는지 돌아보게 되었다. 열등감과 자책의 순간에 어머니의 말을 떠올리며 자신의 말과 행동을 고쳤다. 후회하지 않는 삶을 살도록 이끈 어머니의 말은 정말 큰 선물이다.

우리에게도 이런 동기가 필요하다. '내가 왜 이렇게 살지?' '더 이상 나 자신과 싸우고 싶지 않다.'는 생각이 들 때 좀 더 진지하게 자신을 돌아봐야 한다. 스스로에게 지나치게 가혹하게 대한다는 사실을 자각하는 순간, 우리는 삶의 진리에 대한 깨달음에 한층 가깝게 다가선 것이다.

지금 멈추지 않으면
미래의 나는 지금과 똑같다

몇 년 전 워싱턴 D.C. 국립동물원에서 있었던 일이 크게 보도된
적이 있다. 당시 동물원에는 모히니라는 이름의 암컷 흰 호랑이 한
마리가 우리에 갇혀 있었다. 세 평 정도 하는 좁은 우리 안에서 모
히니는 끊임없이 앞뒤로 왔다 갔다 하면서 불안하게 움직였다.

모히니에게 더 나은 삶을 주고 싶었던 몇몇 자연보호가와 동물
학자들은 마침내 호랑이를 우리에서 풀어주기로 결정했다. 그곳은
프론트로열이라는 아주 넓은 지역으로 언덕과 연못이 있었다. 그들
은 호랑이가 이 새로운 환경에서 잘 살 것이라고 기대하며 매우 기
뻐했다. 모히니는 우리에서 풀려나자마자 3미터쯤 되는 풀숲으로
쏜살같이 달려갔다. 그런데 동물학자들이 풀숲으로 사라진 모히니
를 관찰했는데, 놀랍게도 녀석은 우리에서 그랬던 것처럼 앞뒤로
계속해서 왔다 갔다 할 뿐이었다. 시간이 지나도 모히니는 같은 행
동을 반복했으며 결국 야생에서도 죽을 때까지 그 습성을 버리지
못했다.

나는 그 이야기를 듣고 마음이 무척 아팠다. 모히니에게서 호랑이의 야성이 끊겼졌기 때문이다. 우리는 머뭇거리지 않고 자연스럽게 사랑을 표현하는 야성의 삶의 방식에 대해 잘 알고 있다. 그 야성이 우리에게는 본성이다. 그러나 본성을 잊어버린 우리는 매일같이 조건화된 삶을 살아가고 있다. 날마다 무엇인가를 해내지 못할 것을 두려워하면서, 다른 사람이 자신을 어떻게 생각할지 걱정하면서 살아간다. 모히니 호랑이가 그랬듯이 아주 협소한 장소에서 벗어나지 못하고 있다.

정신과상담을 받는 이들의 대부분은 어떤 절망감에 사로잡혀 있다. 본래적인 자기 속으로 침잠하지 못하는 것에 대한 절망감이다. 그들은 너무나 조건화된 삶을 살아간다. 끊임없이 무언가를 바라고, 이루어야 하고, 가져야 하고, 해결해야 하고 채워야 한다. 원하는 것을 이룰 수 없는 삶 속에서 그들은 절망할 수밖에 없다.

티베트 불교의 훌륭한 스승인 페마 초드론은 이것을 '커다란 곤경'이라고 표현했다. '이것만 있다면 행복할 수 있다'는 식의 조건화된 삶에 매여 우리 본성을 잃어버린 채 단지 우리가 갖는 생각과 느낌에 빠져 스스로를 본래 자기보다 더 협소한 무엇으로 느끼는 것을 말한다. 이것이 불교심리학의 기본 원리다. 즉 자신의 생각이나 감정을 자기 자신과 동일시하여, 우리가 진정으로 누구인지 잊어버린다는 것이다. 부처는 우리가 겪는 모든 괴로움의 뿌리가 여기서 시작된다고 보았다.

서문에서 향수병에 관한 이야기를 잠깐 언급했다. 다름 아닌 우리의 진짜 질병은 고통과 괴로움이 아니라 집을 떠나 겪는 향수병이다. 우리의 집은 본성이다. 그 집은 내면에 있다. 자신이 몸에서, 가슴에서 그리고 인간관계에서 온전히 '집'에 있지 못하다고 느끼는 데서 우리는 괴로움을 느낀다. '집'을 떠난 우리는 괴로움에 대처하는 자기만의 전략을 세운다. 우리는 지금 있는 그대로의 것이 아닌 지금과 다른 삶을 원한다. 그래서 지금 이 순간을 살지 못하고 그로부터 떠나 있게 된다. 다음에 맞을 시간, 즉 내일은 지금 이 순간에 갖지 않은 무언가를 갖고 있기를 기대하면서 살아간다.

자전거를 탄 우리는 어딘가에 도착하기 위해 끊임없이 페달을 밟는다. 어쩌면 이것은 우리가 갖고 있는 유일한 순간인 바로 지금 여기로부터 계속해서 달아나는 것과 같다. 우리가 원하는 것을 얻거나, 싫어하는 것으로부터 도망가기 위해 페달을 밟는 것이다. 그러나 우리가 열심히 페달을 밟을수록 우리는 우리의 본성, 우리의 집, 우리가 정말로 소중하게 간직해야 할 것과 만날 수 없게 된다.

우리가 습관적으로 현재 순간에서 멀어진다면 그것은 지금 여기에 있는 우리의 삶을 살지 못한다는 것이다. 여기서 '살지 못한 삶'이란 곧 우리가 느끼는 슬픔과 두려움, 우리가 갖고 있는 수치심, 우리의 열정 같은 것들이다. 그러한 감정들을 외면하고 모른 척하며 앞으로만 나간다면 진짜 '나'의 모습으로 진정한 삶을 살아갈 기회를 잃는 것이다. 지금 나는 슬픈가? 화가 나는가? 짜증이 나는가? 우울감에 젖어 있는가? 무기력한가? 시시각각 변하는 나의 현재 모습을 알아차리지 못하면 계속 같은 삶을 반복하게 된다. 그런 나에게서 주위 사람들은 멀리 떨어지려 하고 나 또한 다른 사람들을 품어 안을 수 없게 된다.

나는 수련생들에게 어떤 이미지를 머릿속에 그릴 수 있도록 이야기 한 편을 들려준다. 그 이야기는 많은 사람들에게 깊은 인상을 주었으며 명상에 큰 도움이 되었다고 한다. 고대 태국의 수도 수코타이라는 곳에 자리한 한 사원 법당에는 진흙으로 만든 거대한 불상이 모셔져 있었다. 오랜 세월 동안 수행자들은 전통적으로 이어온 방식대로 불상에 석고와 흙을 덧대어 극진한 정성으로 돌보았다. 비록 진흙으로 되어 아름다움은 덜했지만 불상은 오랜 시간 굳건히 견디며 그 자리를 지켰다. 사람들도 그 불상 앞에서 기도하며 섬겼다. 불상은 정권이 여러 번 바뀌는 동안 큰 폭풍우와 외세의 침입을 견뎌냈다. 그런데 10년 전 즈음이었다. 오랜 가뭄에 진흙 불상이 조금씩 갈라지기 시작했다. 호기심 많은 한 스님이 불상의 갈라진 틈에 불빛을 비춰보았다. 빛이 반사되는 듯한 느낌을 받은 스님은 또 다른 틈을 비춰보았다. 역시 마찬가지였다. 결국 스님들이 불상의 진흙을 걷어내기 시작했다. 그러자 금빛이 쏟아지면서 황금 불상이 모습을 드러냈다. 진흙인 줄로만 알았던 불상은 동남아시아에서 가장 크고 화려한 황금 불상으로 다시 태어났다.

아마도 태국의 스님들은 처음에는 황금 불상을 보호하기 위해 진흙과 석고를 발랐을 것이다. 그것이 오랜 세월 동안 반복되었고 후대의 스님들은 습관적으로 진흙을 발랐다. 왜 진흙을 바르는지도 모른 채 절에서 해온 전통대로 행동했을 것이다.

우리 또한 내면의 순수함을 간직하기 위해 무언가를 덮고 있는지도 모른다. '우주복 자아'처럼 말이다. 그러나 이 말은 우리의 순수한 본성에 무언가를 덮지 말라는 것이 아니다. 그것은 오히려 자연스러운 본성이다. 그러나 우리는 본성이 있다는 것조차 잊어버릴 수 있다는 것이 문제다. 우리 자신을 방어하고 보호하기 위한 여러 가지 방법이 우리 안에 있는 황금을 잊어버리게 만들 수도 있다. 우리 가면 속의 '나'를 모른 채 가면을 '나'라고 믿으며 살아갈 수 있다.

이 황금 불상 이야기는 불교심리학에서 가장 근본적인 원리를 떠올리게 한다. 그것은 '근본적 선basic goodness'이다. 여기에서 선goodness이란 나쁨badness에 반대되는 개념이 아니다. 인도·아리아어족에서 'good'의 어원은 '소속belonging'이라는 단어와 같다. 우연의 일치일지 모르지만, 내가 생각하는 선함goodness 역시 더 큰 전체에 나 자신이 '속하는' 것과 관련되어 있다. 우리 자신은 근본적 선함을 갖춘 존재다. 선함은 자신의 온전함과 소속성을 자각하는 것이다.

근본적 선함을 깨우치는 것에서 진정한 치유가 시작된다. 우리가 우리 안에 황금이 있다는 사실을 깨달을 때, 내 안에 본질적으로 선한 무엇이 있다고 직감할 때, 그리고 지금 나의 모든 상황을 똑바로 알아차리고 받아들일 때 우리는 비로소 치유의 과정에 들어선 것이다.

이 순간에 몰입하는 것이
가장 창조적인 생각이다

언젠가 태국의 붓다다사 스님에게 우리가 살아가는 이 세상이 어떤 모습인지 묘사해줄 것을 부탁했다. 스님은 조용히 미소 지으며 말했다. "생각 속에서 길을 잃고 헤매고 있습니다." 바로 우리가 매 순간의 경험을 있는 그대로 허용하기보다 일종의 가상현실 속에서 대부분의 시간을 보내고 있다는 지적이다.

우리는 계획을 세우고 걱정을 하고 환상을 품고 타인을 비난하고 문제를 해결하느라 늘 바쁘다. 실제로 무슨 일이 일어나고 있는지 지금 잠시 느껴본다면 우리는 '이제 다음번에는 무슨 일이 일어나지?' '우리는 뭘 해야 하지?'라고 골몰하는 때가 많음을 알 수 있다. 오늘 하루만 살펴보라. 아침에 눈을 뜨자마자 오늘 할 일에 대해 생각하고 식사를 하면서 어제 실수한 일을 떠올리고 누구와 이야기를 하는 사이에도 미래의 일을 계획하고……, 잠시도 생각을 놓지 못한다.

한 가지 생각은 꼬리를 물어 똑같은 생각을 수십 수백 번 하기도 하고 이랬다저랬다 생각하면서 후회하고 갈등하고 슬퍼하며 괜한 우울에 빠지기도 한다. 우리는 하루에 6만여 가지의 생각을 한다. 그중 98퍼센트는 지나간 일이거나 일어나지 않은 일들에 관한 것이다. 모든 일이 한꺼번에 일어나지 않음에도 우리는 과거와 미래까지 동시에 생각한다. 물론 생각한다는 것이 비생산적이라는 말은 아니다. 생각은 삶에서 매우 중요한 기능을 담당한다. 수많은 행동의 동력이기 때문이다. 그러나 생각은 분명한 '가상현실'이다. 우리는 머릿속에만 존재하는 가상현실 속에서 지나치게 많은 시간을 보내고 있다. 어쩌면 당신은 이 책을 읽고 있으면서도 수시로 가상현실 세계로 왔다 갔다 할지도 모른다.

자연스러운 현존에 이르기 위해서는 가상현실과 덧없는 생각에서 깨어나겠다는 의지가 필요하다. 그리고 지금 여기에 있는 우리의 몸과 감각으로 돌아와야 한다. 우리는 과거의 일에 괴로워하고 일어나지 않는 일들에 대해 두려워하며 몸과 마음을 괴롭힌다. 지금의 감각으로 돌아오기 위해서는 잠시 멈출 수도 있음을 인지해야 한다.

또 우리는 많은 시간 동안 미래에 집착해 미래를 알고 싶어 하고 상상한다. 지금 여기가 아닌 다른 어딘가로 도달하고자 한다. 그러나 우리가 돌아올 곳은 여기다. 우리의 진정한 집으로 돌아오기 위해서는 우선 멈춰야 한다. 그것은 생각에서 깨어나는 것이다. 생각을 제거하는 것이 아니라 무슨 생각을 하는지 자각하는 것이다. 자각은 자기 자신을 의식하는 상태다. 지금 여기 이 순간에 존재하고 있다는 감각을 확립하는 것이다. '좋아, 지금 이 순간에 깨어있겠어.'라고 스스로에게 말해보라. 그 순간 나 자신의 내면과 진정한 대화가 시작될 수 있다.

학생들에게 처음 깨어있기를 소개할 때 자주 사용하는 비유가 '자각의 수레'다. 자각이라는 수레바퀴의 한가운데에는 '현존 presence'이라는 중심축이 있다. 중심축은 내가 바로 지금 여기에 존재하는 것을 의미한다. 중심축에서 사방으로 뻗어가는 바큇살이 바로 우리의 마음이다. 마음은 끊임없이 현존이라는 중심에서 바깥을 향하여 달아나려고 한다. 우리의 마음은 바큇살을 타고 바퀴의 가장자리, 즉 가상현실 속에서 원을 그리며 끊임없이 돌고 돈다. 내가 만들어낸 생각 속에서 헤매는 우리와 돌고 도는 수레바퀴는 아주 비슷한 모습이다.

깨어있기는 두 가지 요소로 구성되어 있다. 하나는 '지금 여기로 돌아오는 것'이다. 빨리어로 '사띠sati'라고 하는 깨어있기는 '기억한다'는 의미다. 지금 여기 있는 것, 즉 현존을 기억한다는 뜻이다. 순간순간 '지금 여기 있음'을 기억한다면, 우리 마음이 바큇살을 타고 바퀴 가장자리로 내달았을 때라도 중심축으로 되돌아올 수 있다.

두 번째는 '지금 여기에 머무는 것'이다. 중심축으로 돌아왔을 때 다시 달아나지 않도록 하는 것이다. 우리가 생각 속에서 길을 잃어 바큇살을 타고 바퀴 가장자리로 내달을 때 지금 여기를 기억하는 데는 약간의 도움이 필요하다. 그것은 배를 한곳에 머물도록 하는 '닻'과 같은 역할을 해준다. 가장 일반적인 '닻'은 호흡법이다. 물론 사람에 따라 그 '닻'이 다를 수 있다. 어떤 이들은 소리를 이용하여 만트라(주문)를 외우기도 하고, 동그란 원판이나 특정한 사물을 머릿속에 그리는 방법을 쓰기도 한다. 그 가운데 호흡법은 가장 효과적이다. 호흡에 집중하고 주의를 기울여 마음이 방황하지 않도록 하는 것이다. 호흡을 하면서 '이런, 마음이 바큇살을 타고 중심에서 벗어나려고 하는군. 다시 중심으로 돌아와!'라고 기억하는 것이다. 이것은 일종의 집중 훈련이며, 지금 이 순간에 안정적으로 머물도록 도와준다.

그러나 머문다는 것은 단단한 장소에 고정된다는 의미가 아니다. 우리가 머물고자 하는 수레바퀴의 중심은 텅 빈 공간이며 바큇살은 여기서 계속 뻗어 나온다. 즉 나의 생각과 마음이 중심축에서 벗어나려 할 때마다 우리는 '돌아와, 지금 여기로 돌아와'라고 하면서 머물기를 반복해야 하는 것이다.

유의할 점은, 호흡에 집중하는 것을 깨어있기의 전부로 받아들여서는 안 된다는 것이다. 호흡법만 배우면 깨어있기에 성공한 것이라는 생각은 잘못이다. 호흡과 같은 근거지를 사용하는 것은 마음을 안정되고 고요하게 하기 위한 여러 방법 중 하나일 뿐이다. 실제적인 깨어있기는 지금 현재 순간에 일어나고 있는 것을 있는 그대로 알아차리는 것이다. 호흡에 집중하는 것만이 깨어있기의 체험이라고는 할 수 없다. 호흡을 통해 자연스럽게 내 본연의 모습을 깨닫는다면, 그 호흡마저 잊어버리게 된다. 호흡법을 포함한 명상법에 대한 집착은 오히려 진정한 깨달음을 방해하는 요소로 작용한다.

호흡을 통한 멈춤 명상

한 호흡에서 '나'를 깨닫다

'현재를 살지 못한다.'는 것은 보고 있어도 보지 못하는 것이요, 먹어도 먹는 것이 아니며, 들어도 듣지 못하는 것과 같다. 만약 친구를 앞에 두고 다른 생각에 빠져 있다면 나는 친구와 함께 있는 것이 아니다. 내가 충실하게 살지 못한 현재는 낭비된 시간들이다. 낭비된 시간들은 상처와 고통, 무기력, 후회, 우울감 등 어떤 형태로든 나에게 돌아온다. 지금 이 순간을 살아가기 위해서는 다른 시공간으로 흘러가는 생각을 멈춰야 한다. 온갖 감정을 좇아 헤매는 나를 지금 이 자리로 불러와야 한다. 멈춤은 집중이다.

멈춰서, 현재에 집중하며, 진정한 나를 발견하는 것이 '명상'이다. 사람들은 명상을 나와 먼 이야기로 여기지만, 생각보다 가까이 있다. 명상은 진정한 자유로 향하는 문이다. 선입견과 편견을 버리고 잠깐이라도 명상을 경험해보겠다는 의지로 마음을 열어라.

호흡 명상은 명상의 기본으로, 나를 지금 이 순간으로 계속해서 돌아오도록 한다. 우리는 죽을 때까지 숨을 쉬지만 평소에는 전혀 느끼지 못한다. 기계적인 호흡이다. 그것은 마치 우리의 본성을 모른 채 삶을 마감하는 것과 같다. 호흡을 관찰하라. 호흡 명상은 공기를 들이쉬고 내쉬는 느낌을 천천히 관찰함으로써 지금 나의 존재를 깨닫도록 하는 데 목적이 있다.

먼저 멈춤, 정지에 대한 느낌이 어떤 것인지 떠올려본다. 멈춤은 하나의 빈 공간이다. 그 빈 공간으로 나를 데려가 보라. 바로 현존으로의 초대다. 이제 호흡에 의식적으로 주의를 기울인다. 숨을 들이쉬고 내쉬면서 자각이라는 수레바퀴의 중심을 느껴보라. 중간중간 심호흡을 크게 한다. 생생한 호흡 경험은 지금 여기를 자각하는 데 도움이 된다. 숨을 깊게 들이쉰 다음 모든 것을 내려놓는다는 자세로 천천히 숨을 내쉰다.

호흡이 자연스럽게 흐르면, 공기가 몸속으로 들어오는 감각을 느껴본다. 숨의 감각이 가장 확실하게 느껴지는 곳은 코끝과 콧구멍, 가슴이다. 숨을 들이쉬고 내쉴 때마다 가슴이 불러오고 꺼지는 움직임을 느끼면서 편안하게 이완한다.

자, 이제 '지금 여기'라고 하는 현존의 감각을 느껴본다. 이것은 당신이 지금 여기에 있음을 아는 것이다. 호흡을 의식의 전경에 두고 의식의 배경에 있는 것들을 느껴보라. 방 안의 소리나 신체의 다른 감각을 알아차릴 수도 있다. 아니면 기분이나 감정을 알아차릴 수도 있다. 무엇이라도 그것을 다만 관찰하겠다고 생각하라.

모든 것을 받아들이겠다는 자각으로 주위에서 일어났다 사라지는 소리를 관찰한다. 소리에 귀를 맡기되 가까이서 들리는 소리를 알아차려 보라. 소리의 시작과 끝을 느껴보라. 소리와 소리 사이의 빈 공간도 관찰해보라. 다음에는 먼 곳에서 들리는 소리를 느껴보라. 당신이 감지할 수 있는 가장 멀리서 들려오는 소리에 귀를 열어라. 이제 열린 마음으로 자각 속으로 편안하게 들어가 보라. 당신이 인식하는 모든 것들, 예컨대 형상과 소리, 맛과 감각, 기분 등이 일어나고 사라지는 과정을 열린 자각으로 느껴보라.

다시 호흡을 의식하며 날숨에 주의를 두어라. 당신의 몸과 마음 전체가 날숨과 함께 빈 공간 속으로 녹아 들어가는 것처럼 느껴보라. 당신의 자각이 무한한 공간, 완전히 열려 있고 경계가 없는 공간과 하나가 된다고 느껴보라. 숨을 들이쉴 때 열림 속에 단순히 머물러보라. 아무것도 하지 않은 채 귀 기울이면서 깨어있으라.

이제 들숨과 날숨이 부드럽게 흐르도록 한다. 호흡을 자신의 친한 친구라고 생각하며, 당신을 자신의 현존과 다시 연결시켜주는 본거지라고 생각한다. 호흡을 다시 안정시키는 과정에서 당신은 호흡이 아닌 다른 것들을 경험할 수 있다. 지나가는 자동차와 바람, 새의 소리가 의식의 배경에서 들릴 수도 있다. 따뜻함이나 차가움을 느낄 수도 있다. 의식의 배경에 무엇이 있든 그것을 다만 그대로 내버려두어라. 마음이 그것을 따라 좇아가지 않게 하라. 그리고 계속해서 호흡에 머문다.

혹 명상에 집중하지 못하고 다른 생각에 빠져 헤매고 있는 자신을 발견한다면 잠시 멈추어 생각의 미로에서 깨어나도록 한다. 다시 한 번 호흡의 들숨과 날숨을 의식하면서 지금 여기로 부드럽게 되돌아오는 것이다. 지금 여기에서 일어나는 일이면 무엇이든 그것에 깨어있으면 된다. 바로 이 소리, 이 순간의 생생함으로 돌아오는 것이다. 자신이 바로 여기에 있음을 느껴보는 것이다. 의식의 전경에 있는 호흡이나 강렬한 감정, 졸림, 신체적 불편함, 행복감 등 나의 주의를 잡아당기는 어떤 것이라도 다만 그것을 알아차리면서 있는 그대로 내버려두라. 그럼으로써 당신은 지금 이 순간에 늘 깨어 있게 된다.

중국 남송의 시인 무문혜개無門慧開의 시다. 순간을 놓치고 살아가며 뒤늦게 후회하는 우리의 모습이 보인다.

봄에는 일만 송이 꽃이 피고 가을에는 달이 뜨네.
여름에는 시원한 바람이 불고 겨울에는 눈이 내리네.
우리의 마음이 불필요한 것들에 의해 가려지지 않는다면
바로 지금이 당신 삶의 최고의 시절인 것을.

멈춤, 우리는 지금
이 순간에만 존재한다

2장

마음의 필터,
판단을 멈춰라

현존이란 '살아있음'이다. 그런데 살아있다는 것은 무엇일까. 단지 숨 쉬고 먹고 마시고 움직이는 것일까? 물리적인 생존 여부가 아님을 알고 있지만 우리에게는 늘 생활이 먼저다. 눈앞에 놓인 일상의 자질구레한 문제를 치우는 데 급급하다. 그래서 그 질문은 빨랫감 속에 깊숙이 파묻혀 버리고 만다. 살아있음에 대한 물음은 인생에서 누구나 몇 번쯤 스쳐 간다. 만약 진지하게 고민하고 적극적으로 답을 구하려고 한다면 그는 더 풍요롭고 가치 있게 살아가는 기회를 잡은 것이다.

살아있음은 과거도 미래도 아닌, 바로 지금 여기에 존재하는 것을 의미한다. 우리는 늘 지나간 과거를 자책하고 오지 않은 미래를 걱정하며 살아간다. 여기에 존재한다는 것은, 지금 이 순간을 알아차리고 깨어있다는 뜻이다. 나아가 깨어있다는 것은 지금 나에게 일어나는 일들과 그로 인한 감정들이 아닌 본래의 '나'에 초점을 맞추는 것이다. 그것이 진정한 '자각'이다.

살아있음, 현존을 위한 요소는 크게 두 가지다. 하나는 지금 일어나고 있는 일을 인식하는recognizing 것이다. 이러한 성질을 일깨우는 데는 "지금 여기서 무슨 일이 일어나고 있지? 내 안에서는 어떤 일이 벌어지고 있지?"라는 질문이 도움이 된다. 여기서의 인식은 단순히 현재 일어나고 있는 일에 대한 '이야기'를 확인하는 것에서 그치지 않는다. 이런 질문을 던짐으로써 우리의 느낌, 감각에 주의를 기울이는 것이다. 춥다, 덥다, 화가 난다, 우울하다, 슬프다와 같은 몸의 느낌이다. 이는 지금 이 순간의 경험을 '생각'이라는 '필터'를 통하지 않고 있는 그대로 직접적으로 인식하도록 한다.

자연스러운 현존의 두 번째 성질은 받아들임allowing이다. '받아들임'은 지금 일어나고 있는 현상에 저항하지 않고, 바꾸려 하지 않고, 반대하지 않는 것을 의미한다. 부드럽고 열린 자세로 삶을 깃털처럼 받아들이는 성질이다. 받아들임은 "내가 이것을 있는 그대로 내버려둘 수 있는가? 있는 그대로 허용하고 '그래'라고 말할 수 있는가?"와 같은 질문을 던진 뒤 "예!"라고 긍정하는 것이다. 인식과 허용, 이 두 가지를 받아들임으로써 우리는 바로 지금, 현재를 살아갈 수 있게 된다.

간단하게 보이지만 쉽지 않다. 우리가 현존하는 데 가장 큰 걸림돌은 판단이다. 우리는 아주 오래전부터 우리 내부에서 쉼 없이 판단을 내리며 스스로를 통제하고 조정해왔다. 인간이 진화하는 데 판단이 결정적 역할을 하기도 했지만 언제나 판단을 내리려는 습성은 우리를 피곤하게 만들고 나쁜 쪽을 선택하도록 해왔다. 나의 '감정'이 판단을 내리고 우리는 그 판단에 부림을 당하기 때문이다. 즉 누가 우리를 통제하고 조정했는가. 바로 '생각'이다.

나쁜 감정을 씻어주는
레인RAIN 수행

앞서 현존하는 두 가지 방법으로 '알아차림과 받아들임'에 대해 말했다. 지금부터 이야기할 'R.A.I.N.(이하 RAIN 수행)'은 알아차림과 받아들임을 좀 더 구체화시킨 것이다. 지난 8년여 동안 나는 수련생들과 함께 RAIN의 유용함을 확인했다. RAIN은 우리가 삶의 어려움을 겪을 때마다 휩쓸리지 않고 길을 잃지 않도록, 우리를 깨어있게 하는 하나의 도구다. 먼저 시 한 편을 읽어보자.

인간은 여인숙이다

날마다 새로운 손님이 찾아온다

기쁨, 우울, 슬픔

그리고 찰나의 깨어있음이

예약 없이 찾아온다

그 모두를 환영하고 대접하라

비록 그들이 그대의 집을

거칠게 휩쓸어 아무것도 남기지 않더라도

손님 하나하나를 존중하라

그들이 그 방을 깨끗이 비워

새로운 기쁨을 맞아들이게 할 것이다

어두운 생각, 부끄러움, 후회

그들이 찾아오면 웃으며 맞으라

집 안으로 초대하라

누가 찾아오든 감사하라

모든 손님은 나를 안내하기 위한

먼 곳에서 온 분들이니

잘랄루딘 루미의 시 〈여인숙〉이다. 루미는 우리를 여인숙으로, 그리고 우리의 마음속에서 일어나는 감정을 손님에 빗대고 있다. 지금 나를 흔들어대는 감정들, 걱정과 근심, 아픔, 상처, 의심, 질투……. 어떤 감정이든 가리지 말고 손님으로 귀하게 모시라고 한다. 모두 나를 위해 새로운 기쁨을 가져다줄 것이기 때문이다. RAIN은 내 마음에 손님을 어떻게 모셔야 하는지에 관한 이야기다.

R.A.I.N에서 R는 '인식한다Recognise'이며, A는 '허용한다Allow'는 뜻이다. 여기서 인식과 허용을 너무 무겁게 받아들이지 마라. 단지 '아, 지금 여기에 뭔가가 일어나고 있군. 좋아, 그냥 이대로 내버려두겠어.'라는 정도로도 충분하다. 이것만으로도 우리는 멈출 수 있으며 텅 빈 공간이 만들어진다. 지금 여기에서 일어나고 있는 그 일을 자각하고 '좋아, 한순간만이라도 이것과 함께하겠어.'라고 말하는 것만으로 나의 어딘가에 빈 공간이 마련되는 것이다.

그 공간은 고요하다. 그곳은 나의 친구 혹은 손님을 초대하기 위한 자리다. 지금 나에게 일어나는 일들, 즉 분노, 화, 짜증, 슬픔, 답답함, 우울, 막막함……, 나를 괴롭히는 모든 것이 나의 친구이자 손님이다.

이처럼 생각의 확산과 그에 대한 연쇄적 반응을 잠시 멈출 때 거기에는 선택과 자유의 기회가 생긴다. 바로 RAIN의 시작점이다. 나의 어딘가 막혀 있는 부분을 인식하고, 그것을 부정하거나 거부하지 않고 있는 그대로 허용하는 것이다. 때로는 단지 그것을 인식하고 있는 그대로 내버려두는 것만으로, 그리고 마음으로 그것을 관찰하는 것만으로 마음속에 일정한 공간과 자유가 생긴다. 그리고 여기서 우리는 그 감정과 동일시하지 않고 앞으로 나아갈 수 있다.

간혹 도로에서 거친 욕을 입에 달고 운전하는 이들을 볼 수 있다. 대개 다른 차량이 앞을 가로막거나 끼어드는 등 어떤 위험을 감지했을 때 화를 폭발시키곤 한다. 화는 위험에 대한 자기 방어의 표현이다. 그 운전자는 다른 차량의 잘못으로 사고를 당한 경험이 있을지도 모른다. 만약 이 운전자가 깨어있다면, 다른 차가 끼어들었을 때 '음, 옆 차가 끼어들었군.'이라고 있는 그대로 보게 될 것이다. 그 다음은 '그래, 바쁜 일이 있으니 내가 봐주자.'라는 생각으로 이어질 수 있다. 또 끼어드는 차를 보고 화가 치솟아 한 바가지 욕이 튀어나오는 순간에라도 깨어있음을 시도했다면 '아, 지금 나는 몹시 화가 났다.'라고 생각하면서 화를 멈출 수 있다.

그러나 종종 마음이 너무 복잡하게 얽혀 있을 때, 그리고 우리를 찾는 손님이 너무 자주 찾아와 정말로 꼼짝없이 우리를 휘어잡는 경우가 있다. 이때는 RAIN의 'I'로 나아가야 한다. 'I'는 '조사하다, 살피다Investigate'의 머리글자다. 즉 지금 실제로 일어나고 있는 일을 제대로 살펴보고 조사하는 것을 말한다. 조사의 대상에는 지금 일어나고 있는 자신의 신념이나 느낌, 감각, 감정도 포함된다. 그런데 대상을 살필 때는 친절하고 부드러워야 한다. '조사하다'라는 말의 어감은 이성적이고 딱딱하다. 여기서의 조사는 머리로 하는 조사가 아니다. 이것은 우리의 온전한 현존의 감각으로 지금 우리의 몸과 가슴에서 무슨 일이 실제로 일어나고 있는지를 조사하는 것이다.

I는 다른 뜻으로 친밀함Intimacy을 의미한다. '친밀한 주의'다. 만약 가슴의 부드러운 성질이 없다면 지금 여기에 존재하고 있는 것을 제대로 조사하고 발견할 수 없다. 따뜻함과 돌봄의 색조, 이것이 우리의 상처 입은 부위를 스스로 드러내도록 한다. 복잡하게 엉킨 실타래일수록 천천히 섬세하게 다룰 때 스르르 풀리는 것과 같다.

그 다음, 친절하고 부드러운 주의력으로 지금 일어나고 있는 일, 감정, 느낌을 인식하고 허용하며 조사한다. 나는 지금 화가 나 있다, 지금 짜증을 느낀다, 슬프다, 질투 난다, 우울하다, 뭔가를 던지고 싶다, 때리고 싶다……, 그것을 인식하고 나면 '나'와 느낌들을 분리하게 된다. 즉 내가 지금 여기 '현존'하게 되면 나와 감정을 '동일시하는 것에서 벗어나게Non-identification' 되는 것이다. RAIN의 마지막 글자 N은 '동일시에서 벗어나기'를 의미한다.

바다는 파도를 일으키지만 파도를 바다라고 여기지 않는다. '나'라는 온전한 존재를 '바다'라고 볼 때 시시각각 일어나는 크고 작은 감정의 파도는 '나'가 아니다. 파도와 '나'를 동일시하지 않고 그 파도를 인식할 때 '나'는 고요한 바다로 돌아올 수 있게 되는 것이다.

많은 사람들이 RAIN 수행법을 효과적으로 이용하고 있다. 언젠가 나를 찾아온 한 심리학자는 자신의 경험담을 들려주었다. 이 이야기는 나의 책 《받아들임》에서도 다루었다. 그는 내가 통찰명상협회에 있을 때 명상 수련을 하기 위해 찾아왔다. 그때 그는 치매를 앓고 있었다. 아내가 음식을 먹여주고 부축해주어야 할 만큼 병이 꽤 진행된 상태였다. 그는 자신이 지난 수십 년간 심리학자로 일해왔으며, 10년 넘게 명상 수련을 해왔다고 했다. 그리고 자신의 몸에 일어나는 증상과 그로 인해 겪는 불안과 화, 두려움 등 내면에서 일어나는 온갖 일들에 대해 털어놓았다. 그의 표정은 매우 온화했다. 어눌한 말이지만 다정함이 배어 있었다. 나는 그가 자신의 고통을 어떻게 이렇게 편안하게 이야기하는지 궁금했다.

"무엇이 당신으로 하여금 이런 친절한 태도를 갖게 했는지 말해줄 수 있나요?"

나의 물음에 그는 빙그레 웃으면서 답했다.

"나는 내가 불행하다거나 혹은 뭔가 잘못된 일이 일어났다고 생각하지 않습니다. 가을이 되면 나뭇잎이 물들고 떨어지는 것과 같을 뿐입니다. 그것은 나쁜 일이 아닙니다. 물론 가끔 매우 힘들 때가 있기는 하지만요."

그의 말을 듣고 나는 충격을 받았다. 그는 계속 말했다.

"언젠가 백여 명 되는 청중들 앞에서 명상에 대해 강연할 기회가 있었습니다. 강단에 서서 말을 하려는 순간 갑자기 머릿속이 하얘지더니 아무것도 생각나지 않았습니다. 그뿐만 아니라 내가 왜 여기에 있는지, 왜 사람들이 뭔가를 기대하는 눈빛으로 나를 쳐다보는지 알 수 없었습니다. 완전히 멍한 상태였지요. 그때 나는 아무것도 하지 않았습니다. 그저 잠시 멈추었습니다. 그리고 지금의 상황, 내가 느끼는 당혹스러움을 알아차린 뒤 '두렵습니다.'라고 말했습니다. 그리고 절을 했습니다. 심장이 쿵쾅거렸습니다. 이어 '떨립니다.'라고 말하고 절을 했습니다. 다음엔 '수치스럽습니다.'라고 말하고 또 절을 했습니다. 이러한 나의 알아차림은 한동안 계속되었습니다. 차츰 마음의 소용돌이가 가라앉았습니다. 마지막으로 나는 '편안합니다.'라고 말한 뒤 절을 했습니다. 말을 모두 마친 뒤 주위를 둘러보았더니 청중들이 눈물을 글썽이며 나를 바라보고 있었습니다. 나는 그들에게 미안하다고 말했습니다. 그러자 한 학생이 일어나 말했습니다. 지금까지 이런 방식으로 가르침을 준 사람은 없었다고 말입니다."

그는 강연에서 무엇을 한 것일까? 왜 청중들은 감동을 받았을까?

강연에서 그는 우리가 원하는 대로 일이 되지 않을 때 우리가 습관적으로 사로잡히는 연쇄 반응에 걸려들지 않았다. 당황하여 횡설수설하거나 강연을 포기하거나 하지 않았다. 그는 다만 잠시 멈추었을 뿐이다. 아무것도 생각나지 않는 당혹스러움을 그대로 받아들이고 편안해지기를 기다렸다. 그 다음 그는 강연을 시작했다. 그러나 청중들은 이미 그가 보여준 멈춤의 행동에서 강연의 모든 것을 꿰뚫었다. 청중의 글썽이는 눈물이 그걸 말해준다.

그의 행동은 앞서 말한 RAIN의 과정과 같다. 그는 지금 무엇이 일어나는지를 인식하고 절을 했다. 절은 그에게 있는 그대로를 허용하는 하나의 방법이었다. '좋아, 나는 바로 지금 여기 있는 거야.'라는 자기 신호다. 영국의 한 사원에 거주하는 미국인 스님도 수련생들에게 힘들고 어려운 상황에 직면하면 '괜찮아, 이것이 바로 지금 여기에 존재하고 있는 실재야. 다만 지금 이런 상황일 뿐이야.'라고 말하라고 한다. 이는 의심할 수 없는 확고한 진실이다. 아무말도 떠오르지 않는 당황스러운 상황에서 그는 다만 현재 일어나고 있는 것을 자각하고는 절을 했다. 그 다음 자신을 살펴보고 현재 일어나는 상황에 주의를 기울였다.

그는 현재에 멈춰 지금 일어나고 있는 현상을 인식하고 허용하며 탐구하면서 그것과 더 친밀해졌다. 그러자 더 큰 자유의 공간에 이르렀다. 물론 그 자유의 공간이 그의 문제를 완전히 해결해주지는 않았다. 그는 여전히 혼란에 휩싸여 있었고 자신이 어디에 있는지 확신하지 못했다. 그러나 불안하고 두렵고 막막한 기운의 수렁에서 벗어난 것만은 틀림없다. '이런, 뭔가 잘못되었어. 어떡하지? 나는 형편없는 존재야! 바보 같아!'라고 생각하지 않은 것이다.

그런데 이러한 수련을 하다 보면 여러 가지 의문이 생긴다. '과연 우리 삶에 얼마나 도움이 될까'와 같은 의심이다. 인생에서 맞닥뜨리는 커다란 상실감을 덜어줄 수 있을까? 상처를 낫게 해줄 수 있을까? 미워하는 마음을 없애줄 수 있을까? 원하는 것을 이루게 해줄까? 등. 그러나 이러한 의심마저 친구로 불러들이고 인정해야 한다. 의심에 붙들려 끌려다녀서는 안 된다.

불교에는 악마 '마라Mara'에 관한 이야기가 전해진다. 부처가 명상 수행을 할 때였다. 마라가 부처에게 나타나 화살과 칼로 해치려 하며 수행을 방해했다. 그러나 부처는 자신의 깨어있는 마음과 연민의 마음으로 마라가 던진 칼과 화살이 마치 꽃잎처럼 부처의 발 위에 나풀나풀 떨어지게 했다. 부처는 마라의 온갖 위협과 유혹에 아무런 영향을 받지 않은 것이다. 마라는 포기하지 않고 수시로 나타나 깊은 명상에 빠진 부처를 해치려 했다. 한번은 부처의 제자 아난다가 마라를 발견하고 스승에게 말했다.

"저런, 마라가 또 왔습니다. 제가 쫓아버리겠습니다."

그때 부처가 말했다.

"아니다. 아난다야."

부처는 천천히 일어나 마라가 있는 곳으로 가서 이렇게 말했다.

"내가 마라, 너를 보고 있다. 여기 와서 차 한잔을 마시어라."

사실 이 악마는 탐욕, 자만심, 집착, 두려움, 마음의 갈등과 같은 것들이다. 신화 속에서 상징적으로 다듬어진 표현이다. 우리를 괴롭히는 나쁜 감정들이 악마가 아니고 무엇이겠는가. 이 이야기에서 내가 주의를 기울인 것은 부처가 깊은 명상으로 깨달은 뒤에도 아무런 장애가 없었던 것은 아니라는 점이다. 또 악마, 아니 손님을 향한 태도가 어떠해야 하는지 부처는 절실하게 보여주고 있다. 부처는 마라를 내몰거나 부정하지 않고 말했다. "내가 너를 보고 있다." 그를 인정하고 받아들인 것이다. 그리고 부처는 차 한잔을 권했다. 이것은 지금 여기 있는 그대로 있도록 허용하겠다는 뜻이다.

치매를 앓고 있는 그가 들려준 이야기는 꼭 그만의 것이 아니다. 우리도 점점 더 나이가 들며 뇌는 늙어가고 있다. 어쩔 수 없는 자연의 이치다. 결국 우리도 모든 것을 잃게 될 것이다. 그렇지만 그가 보여준 부드럽고 평온한 '받아들임'은 누구나 가질 수 없다. 깨달음에 이른 부처도 마라의 괴롭힘을 받았듯 우리 역시 끊임없이 고통을 받으며 삶을 이어간다. 그러나 그 고통을 보지 못한다면, 단지 고통스러움에 빠져 허우적대기만 한다면, 우리는 평생 그 고통에서 벗어날 수 없다. 잠시 멈춤, 직시, 직관, 바라봄 그리고 받아들임, 그러고 나면 그 다음 우리는 무엇을 선택할지 여유가 생긴다. RAIN의 핵심은 바로 이것이다.

'살지 못한 삶'은
언젠가 다시 만난다

사실 지금 이 순간, 자신의 경험과 함께 머무는 것은 아주 힘든 일이다. 우리는 늘 '생각'에 빠져 있기 때문이다. 생각은 현재 일어나는 현상에 대해 잠시도 쉬지 않고 코멘트를 붙인다. 한 생각이 또 다른 생각을 연쇄적으로 불러일으킨다. 끝없이 이어지는 코멘트를 따라가다 보면 '나'는 사라지고 없다. 생각의 주체인 '나'는 생각에 끌려다니다 길을 잃는다. 매 순간의 경험에 진실하게 머무는 것이 얼마나 어려운지 알 수 있다.

한동안 내가 입고 다니던 티셔츠에는 '명상, 그것은 당신이 생각하는 그런 것이 아니다.'라는 문구가 적혀 있었다. 명상을 현실에서 벗어나게 해주는 도구로 여기는 이들이 의외로 많다는 데 대한 나름의 저항(?)이었다. 명상은 현실 도피가 아니라 오히려 현실에 머물도록 한다. 지금 있는 그대로의 실재를 살게 해주는 것이다.

어느 선승禪僧과 제자가 있었다. 스승 밑에서 오래 공부해온 제자가 어느 날 물었다.

"스님, 우리가 죽으면 어떻게 되는지요?"

그러자 스승이 대답했다.

"나도 모른다."

제자는 크게 실망했다. 깨달음을 이룬 선승은 모든 것을 알고 있다고 생각했던 것이다.

"모르신다고요? 스님은 선승이시잖습니까!"

그러자 스승이 대꾸했다.

"그래, 나는 선승이지 죽은 사람이 아니야."

이 이야기가 전하는 메시지는 우리가 실재를 경험할 수 있는 것은 오직 생각이 만들어낸 가상현실을 벗어나 지금 이 순간에만 가능하다는 것이다. 실재를 제대로 살지 않고 어떤 이유로 피하고 외면하고 도망가는 경우 우리의 내면에는 깊은 상처가 생긴다. 상처는 우리가 의식하지 못하는 사이 몸 안 어딘가에 쌓인다. 상처에 대해 스스로 무감각해지기 위한 에너지들이 모이는 것이다. 치유는 이 상처를 건드리고 어루만지는 과정이다. 상처가 두렵고 부끄러워서 혹은 끔찍해서 묻어둔 것을 꺼내 보며, '살지 못한 삶'을 다시 사는 것이다.

심리치료사인 앨리스 밀러는 상처를 피해 갈 수 있는 방법은 없다고 말한다. 어떤 식으로든 몸과 마음에 드러나게 되고 고통을 겪는다고 한다. 그녀가 쓴 책의 한 구절이다.

"특히 우리가 아동기에 겪었던 일은 우리 몸에 그대로 축적된다. 비록 우리가 그것을 억누를 수는 있어도 변화시킬 수는 결코 없다. 우리는 우리의 지성을 속이고 느낌을 조작할 수 있다. 또 개념을 혼동시키고 약물로 몸에 속임수를 걸 수도 있다. 하지만 언젠가는 우리의 몸이 그 값을 톡톡히 치르게 된다. 왜냐하면 우리 몸은 거짓을 모르는 순수한 영혼을 가진 어린아이처럼 어떠한 타협이나 변명도 받아들이지 않기 때문이다. 그리고 우리가 진실을 회피하는 것을 멈출 때까지 몸은 우리를 고문하는 일을 멈추지 않을 것이다."

그녀의 말처럼 '살지 못한 삶'은 우리가 그 삶을 다시 제대로 살아낼 때까지 계속해서 우리에게 스스로의 존재를 알릴 것이다. 그 신호를 무시하는 것은 곧 우리의 온전함에서 멀어지는 것과 같다. 우리 내면의 황금을 보지 못하고 끝없이 진흙을 덧바르는 것이다.

착한 마음, 잘하려는 노력 뒤에도 숨지 마라

살지 못한 삶으로 생긴 고통을 잊기 위한 보상으로, 혹은 그것을 외면하기 위해 우리는 '잘못된 도피처'를 찾게 된다. 우리 자신을 기분 좋게 하기 위한 것이면 무슨 일이든 하고 무엇이든 가지려고 한다. 그러면 다른 사람들이 우리를 인정해주고 좋아해줄 것이라고 믿는다. 또 내면의 깊은 상처를 성공적으로 감추기 위해 자기만의 방법을 찾아내기도 한다.

정신없이 바쁘게 사는 것도 그 한 가지 방법이다. 방사상으로 뻗은 횡단보도를 개미 떼처럼 걸어가는 사람들의 모습을 보면, 사람들이 정말 바쁘다는 것을 실감한다. 그들이 바쁘게 지내면서 많은 것을 성취하려고 하는, 그리고 무언가를 고치고 향상시키고자 하는 모습은 마치 전투를 하는 듯한 느낌이 든다. 적어도 혼신의 힘을 다하는 동안은 '나에게 뭔가 문제가 있다, 부족하다.'고 느끼지 않는다.

알코올과 마약도 마찬가지다. 술로 자신의 삶을 망치는 이들을 종종 볼 수 있다. 이 또한 자신이 뭔가 부족하다는 느낌을 보상하기 위한 도피처다. 술을 먹는 동안에는 적어도 모든 걸 잊는다. 그러나 술에서 깨고 난 뒤에는 더 큰 자책과 실망이 몰려온다. 그걸 잊기 위해 또다시 술을 입에 댄다. 결국 중독에 이른다. 약물을 복용하는 이들도 있다. 물론 정신과에서 처방하는 약물이 도움이 되는 경우도 있다. 어느 신경심리학회를 알리는 포스터에는 경제학자 칼 마르크스가 이렇게 말하고 있었다. "푸로작(우울증 치료제)이 있었다면 아마 자본주의는 지금과 다른 모습을 띠었을 것이다." 우울증을 앓았던 마르크스가 당시 푸로작을 먹고 기분이 나아졌다면 경제학 연구에 다른 영향을 끼쳤을지도 모른다는 뜻이다. 또 그 아래에는 작가 에드거 앨런 포가 유리창 밖을 내다보며 "안녕, 아가씨."라고 말하는 모습이 실려 있었다. 역시 지독한 우울증에 시달린 포가 우울증 치료제를 먹었다면 낯선 이에게도 친절을 베풀며 먼저 다가섰을 거라는 것이다.

이렇듯 우리는 끊임없이 자기만의 방식으로 고통을 피하기 위한 도피처를 구한다. 잘못된 도피처는 치명적인 영향을 끼치지만 그 도피처에 적응이 된 우리의 뇌는 의식하지 못한다. 일상 속의 작은 버릇도 마찬가지다. 잠시도 휴대폰을 놓지 못하거나 인터넷에 빠져 있는 동안 우리의 뇌는 우리 자신을 자각하지 못한다.

이런 만화를 본 적이 있다. 거실에 앉아 텔레비전을 보고 있던 남편이 아내에게 말했다. "여보, 내가 식물인간이 되면 그냥 플러그를 뽑아줘." 인공호흡기를 달지 말고 그냥 자연스럽게 죽음에 이르도록 해달라는 뜻이었다. 그러자 아내가 남편 쪽으로 걸어오더니 텔레비전 플러그를 쑥 뽑아버렸다. 텔레비전을 보는 동안에는 남편이 식물인간이나 다름없다는 은유다.

일상적이고 소소해 보이는 '중독'들이 우리의 자각과 치유를 방해한다는 주장은 임상적으로도 확인된 사실이다. 그런데 사람들이 전혀 의식하지 못하는 잘못된 도피처가 있다. 바로 '모든 일을 항상 올바르게 하려는 성향'이다. 우리는 모든 일을 실수하지 않고 완벽하게 해내려고 한다. 어떤 선택의 순간에도 가장 효율적이고 완벽한 결정을 내리기 위해 생각을 거듭한다. 뭔가 잘못되지 않을까, 혹은 잘못된 결정을 내리지 않을까, 불안해한다. 혹 잘못된 결정이라고 스스로 판단되면 거기에 집착해 후회하고 자책한다. 그것은 일상의 아주 작은 일에서도 일어난다.

만약 우체국을 가기 전에 은행에 들르기로 했는데, 막상 우체국에는 줄 선 사람이 없고 은행에는 긴 줄이 서 있다면, 아마 당신은 자신이 내린 결정을 후회할 것이다. '차라리 우체국에 먼저 들렀다면 은행에서 덜 기다렸을 텐데……'라는 생각에 몇 시간 동안 빠져 있을 것이다.

또 하나의 예를 들어보자. 요즘 건강에 대한 각종 정보들이 홍수를 이루는데 그 정보들을 하나하나 신경 쓰다 보면 이런 식이다. '일본인은 지방을 적게 먹기 때문에 영국인이나 미국인보다 심장발작에 적게 걸린다. 그런데 프랑스 사람은 지방을 많이 먹어도 영국인이나 미국인보다 심장발작이 적다.' '일본 사람은 적포도주를 거의 마시지 않기 때문에 영국인이나 미국인보다 심장발작이 적다. 그렇지만 이탈리아 사람은 엄청난 양의 적포도주를 마셔도 심장발작이 적다. …… 또 독일 사람은 맥주를 엄청 많이 마셔도 영국인이나 미국인보다 심장발작이 적다.' 그런 기사를 접할 때마다 우리는 지방을 함유한 고기를 끊기도 하다가, 포도주를 먹지 않다가 다시 먹기를 반복한다. 완벽을 향한 우리의 생각은 이런 식으로 끝이 없다.

나 또한 언제나 최고가 되어야 한다고 생각했다. 아직 한참이나 부족하다고 여기며 만족하지 못했다. 그러한 분투하는 삶은 영적인 수행에도 적용시켰다. 힌두교 수행자 마을인 아슈람에서 12년 동안 수행할 때였다. 나는 긴장하고 성급하고 경쟁적인 성향을 가진 수행자였다. 공동체에는 나처럼 열심히 하는 수행자들이 많았다. 나는 은근히 그들과 경쟁하는 느낌을 받았다. 보통 수행은 새벽 3시 반에 일어나 2시간 반 동안 명상한 뒤, 다시 찬물로 샤워하고 2시간 반 동안 염불과 요가 명상으로 이어졌다. 나는 다른 사람보다 명상을 더 하기 위해 한 시간 일찍 2시 반에 일어났다. '더 좋은 사람'이 되려는 노력이었다. 그러면 더 빨리 깨달음에 이를 줄 알았다. 그렇게 6~7년간 열심히 했다. 그리고 나서 명망 있는 스승들을 찾아가 물었다. "이제 제가 뭘 더 하면 될까요?" 그러자 스승들은 한결같이 나를 쳐다보며 말했다. "그냥 편히 쉬어라." 그러면 나는 "네, 알겠습니다. 편히 쉬기만 하면 된다는 말씀이죠?"라고 하며 그것을 나의 다음 수행으로 삼았다. 그 다음은? 나는 편히 쉬는 것에 도사가 될 지경이었다. 수행에 있어서도 강박적인 성향을 버리지 못했던 나의 어리석은 시절의 이야기다.

미국의 작가 게리슨 케일러가 말했다. "미국인의 조상은 영국의 청교도다. 그들이 1648년 아메리카에 온 것은 당시 영국 법보다 더 엄격한 규칙과 규제를 찾기 위해서였다." 청교도들은 영국 사회가 타락했다고 생각하고 새로운 땅에서 청렴하고 순수한 그들만의 이상 사회를 건설하고자 했다. 목숨을 건 항해 끝에 아메리카에 도착하여 정착했지만, 오늘날 청교도들의 후예들의 모습은 어떠한가. 적어도 그들의 바람은 이뤄지지 않은 듯하다.

나의 감정과 생각은
언제나 옳은가

나 자신과 싸우는 가장 흔한 형태는 비난 퍼붓기다. 우리는 자신과 타인에 대해 판단을 내리고 비난한다. 한 사람 한 사람이 불안감을 느낄수록 우리가 속한 문화도 불안해진다. 불안한 사회일수록 개인을 무시하는 말과 행동이 더 만연하게 되고 '판단과 비난'은 일반적인 의사소통 방식으로 굳어진다. (비난과 비판으로 얼룩진 인터넷의 수많은 댓글들을 보라.)

사람들에게 존경과 호감을 받는 성공한 남성이 있다. 그러나 간혹 그는 이해하기 어려울 만큼 타인을 비난하고 분노를 드러내 주위를 불편하게 했다. 특히 명절날 가족 모임에서 늘 형과 말다툼 끝에 헤어지곤 했다. 최근에야 그는 어릴 때부터 자신이 형에게 열등 감을 가지고 있었음을 깨달았다. 어린 시절, 그의 부모와 형은 그가 형만 못하다는 말을 자주 했다. 그는 형에게 열등감을 느꼈고 성인 이 된 뒤에는 형 얼굴만 보아도 언성이 높아졌다. 형과 비슷한 목소 리를 가지거나 외모가 비슷한 사람만 봐도 그는 기분이 나빠지고 마음이 위축되었다.

이 남자뿐만 아니라 우리도 비슷한 행동 방식을 가진다. 특정한 사람이나 어떤 상황에서 지금의 '나'를 불편해하며 벗어나려는 행 동을 취하는 것이다. 그런 느낌을 주는 사람을 밀어내고 상황을 거 부하여, 그들을 욕하고 비난하고 멀리하는 것이다. 특히 그 대상이 나와 가까운 사람일 때 우리는 스스로 비난의 안개에 휩싸여 아무 것도 볼 수 없다.

우리가 타인에 대한 비난을 퍼붓기 전에 '이 판단의 이면에는 무 엇이 있지?'라고 스스로에게 물어보면 흥미로운 사실 하나를 발견 하게 된다. 자신의 느낌을 정당화하려는 욕구다. 언제나 다른 사람 보다 앞서 나가고 싶은 잠재된 생각이 나의 생각과 말, 행동에 정당 성을 부여하는 것이다. "세상은 자기가 옳다고 주장하는 사람과 자 기가 옳다고 생각하는 사람으로 나뉘어져 있다."는 말이 있다. 이 말은 결국 세상 사람 모두 자기가 옳다고 생각한다는 의미다.

옛 중국의 어느 산속 움막에서 벌거벗은 채 좌선 수행을 하는 도인이 있었다. 한 무리의 유학자들이 그에게 올바른 행실에 대한 충고를 해주려고 움막을 찾아왔다. 유학자들은 실오라기 하나 걸치지 않은 도인을 보고 놀라며 물었다. "바지도 입지 않고 무엇 하는 짓이오?" 도인이 말했다. "온 우주가 나의 움막이요, 이 작은 움막이 내 바지라오. 당신들은 지금 내 바지 안에서 무엇 하오?"

움막의 도인은 나 이외의 사람은 잘못되었다고 믿는 인간의 욕구를 잘 보여준다. 움막의 도인만이 아니다. 국가와 민족, 가족 사이에서도 이런 욕구로 서로 대립한다. 이 모든 갈등과 반목의 이면에는 상대와 나, 모두 지금 이대로의 모습으로 충분하지 않다고 여기는 마음이 깔려 있다.

나는 얼마나 더 나은 사람이
되어야 하는가

지금 이대로의 내 모습이 충분하지 않다는 생각에서 벗어나기 위해 우리는 여러 가지 전략을 동원한다. 스스로를 방치하기도 하고 세상에 반항을 하며 거칠게 살아가기도 한다. 그 가운데 가장 악의 없는 전략은 더 나은 사람이 되고자 하는 노력이다. 사회의 기준에 순응하고 타인을 기쁘게 하고 그로 인해 자기만족에 도달하는 것이다. 바로 '자기계발'이라는 트렌드다. 자기계발이란 자신의 몸과 마음, 영혼을 더 완벽한 것으로 만들려는 것이다. 그래서 우리는 책을 읽고 자기계발에 관한 강연을 듣고 열심히 일하고 더 좋은 생각을 한다. 워싱턴의 보더스 서점에서 한 남자 손님이 점원에게 물었다. "자기계발 코너가 어디입니까?" 그러자 점원이 대답했다. "만약 제가 그걸 알려드리면 자기계발self-help의 의미가 무색하지 않을까요?" 셀프 헬프self-help가 스스로 돕는다는 뜻이니 알아서 찾아가라는 점원의 농담이다.

하루에도 자기계발에 관한 책들이 수십 종이나 출간된다. 인기가 치솟는 자기계발 강사들은 큰돈을 벌기도 한다. 그만큼 우리는 자기계발이라는 강박에 사로잡혀 있으며, 끊임없이 자신의 내면을 모니터링한다. "내가 지금 더 좋아지고 있는 걸까?" "내가 기준을 충족하고 있는 거야?" "자격증을 더 따야 하지 않을까?" 그러나 우리가 충족시켜야 할 기준은 만족되지 않는다. 내가 세운 기준, 세상과 사회가 부과하는 기준은 언제나 지금 내 모습과 너무나 멀고, 설령 기준에 도착했더라도 또 다른 기준이 새롭게 등장하기 때문이다. 마치 신기루처럼 말이다.

어쩌면 우리 삶의 가장 중요한 목적은 '훌륭한 프로젝트(자신이 가치 있는 존재라고 느끼기 위한 계획)'를 세워놓고 살아가는 데 있는지도 모른다. 그 프로젝트는 '좋은 엄마' '능력 있는 직장인' '타인을 도와주는 사람' '훌륭한 인격자' 등 다양하게 구성되어 있다. 이러한 향상하려는 노력에는 '지금 나는 부족하다.' '뭔가 잘못되어 가고 있다.' '이대로는 안 돼. 달라져야 해.'라는 보이지 않는 조건이 전제된다.

이러한 기준에 순응하는 과정에서 우리는 우리가 어떻게 되어야 한다는 특정한 관념에 맞도록 자기 본연의 존재를 변형시키거나 심지어 왜곡시킨다. 이로 인해 우리의 근본적인 본성을 불신하는 결과가 일어난다. 타인에게 잘 보이려 하거나 어떤 기준을 충족시키려 할 때마다 우리는 진실됨을 잃어버리고 멀어진다. 본능적인 영혼의 감수성이 끊어진다.

'훌륭한 프로젝트'에서 실수와 실패는 곧 그 사람을 평가하는 기준이 된다. 실패와 실수는 무능함의 상징일 뿐이며 더 나은 사람이 되기 위해 넘어야 할 또 다른 조건이 되었다. 이 때문에 안전한 삶을 도모하면서 적당하게 살아가려는 소극적인 삶의 자세가 만들어지기도 하는데 그러한 의식의 뿌리 역시 열등감이므로 결국 자기 자신에 만족하지 못하며 여러 가지 심적 갈등을 일으킨다. 이 또한 진정한 나를 모르고 있는 것이다.

'나는 불완전한 존재다.'라는 생각은 필연적인 상처를 남길 수밖에 없다. 일, 사랑, 인간관계 모든 면에서 그렇다. '나는 있는 그대로 완전한 존재'라고 인식한다면, 우리는 상처받지 않으려는 필사적인 노력이 아니라 상처, 실패, 좌절, 절망 등 모든 부정적인 일에 당당하게 맞설 수 있다는 뜻이 된다. 인간은 실패하고 상처 입고 아파할 자유가 없다면 진정으로 사는 것이라고 할 수 없다. 나는 완전한 존재라고 생각하면, 우리는 마음껏 살 수도 마음껏 사랑할 수도 있다.

지적장애인 스포츠 축제인 '스페셜올림픽' 50미터 달리기에서 1등을 한 어느 소녀가 기쁨에 겨워 펄쩍펄쩍 뛰었다. 소녀는 부모에게 소리쳤다. "엄마 아빠, 보세요, 내가 1등 했어요!" 부모는 그 광경을 보고 눈물을 터뜨렸다. 세 사람이 서로를 부둥켜안은 채 너무 오랫동안 눈물을 흘리자 한 올림픽 관계자가 다가가 물었다. "실례지만 뭐가 잘못되었나요?" 어머니가 눈물을 닦으며 대답했다. "아뇨, 모든 게 잘되었어요. 오늘 우리 딸이 처음으로 말을 하기 시작했어요."

장애인 소녀의 가족은 순수한 기쁨을 느끼고 있었다. 만약 부모가 딸아이를 평범한 아이와 비교하고 부끄러워하고 가슴 아파 했다면 어땠을까. 늘 불안해하고 죄책감을 느끼며 살아갔을 것이다. 그 감정은 아이에게도 고스란히 전해졌을 테고 가족은 불행해졌을 것이다. 부모는 장애를 가진 딸을 있는 그대로 받아들이고 그 애가 할 수 있는 일을 찾아 나서며, 그 과정에서 행복하게 지내왔다. 딸아이의 말문이 터진 것은 그 순수한 기쁨이 만들어낸 기적이다. 있는 그대로 지금 이 순간을 받아들인다면 세상에는 얼마나 많은 기적이 일어날까. 인간은 누구나 이런 기쁨을 느낄 자격이 있다.

멈춤, 두 번째 화살을
맞지 않는 방법

우리는 늘 판단하고 결정하려 한다. 자신에 대해서, 타인에 대해서 평가한다. 판단은 부정적인 쪽에 무게를 둔다. 나는 왜 이럴까. 왜 그랬을까. 그리고 두려움과 상처, 분노를 느끼는 자신을 비난한다. 뭘 두려워하는 거지? 왜 그때 화를 낸 거야. 그것도 못 참니? 같은 생각들. 우리는 그런 감정을 느끼는 자신이 뭔가 잘못되었다고 생각한다. 그래서 과식을 하거나 텔레비전을 지나치게 시청하는 방법 등으로 그 짐을 덜어내려고 한다. 잘못된 도피처에 마음을 숨기는 것이다. 그러나 그것이 잘못되었음을 알기에 우리는 그런 선택을 한 자신에 대해 또다시 비난하고 자책하기 시작한다. 이것이 1차적 수치심과 2차적 수치심이라는 악순환의 사이클이다.

다시 말해 1차적 수치심은 현재 있는 그대로의 나에게 뭔가 문제가 있다는 느낌과 감각을 말한다. 그 감각에서 벗어나기 위해 우리는 뭔가에 정신을 쏟다가 중독의 악순환에 걸려든다. 그러다 어느 순간 자신이 잘못된 도피처에 빠져든 것을 알고 다시 수치심을 느끼며 점점 더 자신을 무가치하게 여긴다. 이를 불교에서는 화살을 맞는 것에 비유한다. 부처는 제자들에게 이렇게 말했다.

"범부는 온갖 고통으로 우울에 잠기거나 원망하고 울부짖으며 마음은 혼란스러워진다. 그때 두 가지 느낌이 자라나니, 몸의 느낌과 마음의 느낌이다. 이는 두 개의 화살을 맞고 고통스러워하는 것과 같다. 괴롭고 성내고 분노하는 느낌이 첫 번째 화살이며, 그와 같은 감정에 부림을 당하고 끌려다니는 것이 두 번째 화살이다. 깨달음을 얻은 사람은 하나의 화살만 맞고 두 번째 화살은 맞지 않는 것처럼, 그런 때를 당해 오직 몸의 느낌만 일으키고 마음의 느낌은 일으키지 않느니라."

아주 멋진 비유다. 화살을 맞으면 그것을 뽑아야 하지만 우리는 아예 두 번째 화살을 우리 자신에게 쏘아버린다. 우리는 첫 번째 화살에서 멈춰야 한다. 멈춤의 기술이 바로 앞에서 말한 RAIN 연습이다. 지금 이 순간, 현재를 인식하고 바라보고 살펴보고 그 감정과 '나'를 동일시하지 않는 것이 바로 두 번째 화살을 맞지 않는 방법이다.

그런데 부처는 즐거움에 대한 경계도 당부한다. 즐거움이 쾌락이 되어 탐욕으로 넘칠 때 그것 역시 우리를 괴로움에 빠트리기 때문이다. 부처는 당부했다.

"즐겁다는 느낌에 사로잡히더라도 탐욕의 즐거움에 물들지 마

라. 즐겁다는 느낌에 방일하지 말고 괴로움을 당하더라도 마음의 고통을 더하지 마라. 괴로움과 즐거움, 둘을 따르지도 거스르려 들지도 마라."

명상 수련을 해온 한 중년 여성이 나를 찾아와 고민을 털어놓았다. 그녀의 고등학생인 딸이 마약에 손을 대는 등 학교에서 문제를 일으키고 있다는 것이다. 그녀는 자신 때문에 딸아이가 잘못되어 가고 있다고 자책했다. 딸아이가 네 살 때 이혼을 한 뒤 혼자 생계를 꾸리느라 딸아이를 제대로 돌보지 못했다는 것이다. 딸아이와 부딪힐 때마다 인내심을 가져보지만 언제나 화가 폭발해 거친 말이 오가고 나서야 싸움이 끝났다. 딸아이가 반항할수록 그녀는 사사건건 딸아이에게 화를 냈다. 이제는 딸아이가 잘못을 저지르지 않아도 딸에 대한 미움이 솟아난다고 했다. 그녀는 이혼 뒤 엉망진창이 된 자신의 삶의 방식에 대해서도 원망을 품고 있었다.

나는 그녀에게 RAIN 연습을 권유했다. 그녀는 조용히 두 눈을 감았다. 그리고 한 걸음 떨어져 바라보는 풍경처럼 자신의 현재 상황을 그려보게 했다. 딸에게서 느끼는 화와 분노, 이런 상황이 빚어진 것이 '나 때문'이라는 자기 비난을 인식하고 허용했다. 있는 그대로의 상황에 머물겠다는 잠시 멈춤이다. 즉 지금 현재의 상황을 거부하거나 사라지도록 하지 않으면서 지금 여기에 있겠다는 동의다.

그러나 그녀의 자기혐오와 그 안에 자리 잡은 자기 비난의 뿌리는 생각보다 깊었다. 나는 RAIN의 세 번째인 'I', 즉 조사와 관찰로 나아가도록 했다. 딸에게 화가 나는 이유, 그리고 딸의 잘못이 자기 때문이라고 생각하는 본질적인 원인을 찾기 위해서였다. 나는 그녀에게 좀 더 마음속 깊숙이 들어가 보라고 했다. 거기서 무엇이 느껴지는지 물었다. 그러자 그녀는 '두려움'이라고 했다. 두려움이 몽글몽글 올라오는 것처럼 느껴진다고 했다. 나는 그 두려움이 커지는 대로 놓아두라고 했다. 그것은 그녀도 모르고 있는 '무엇'을 찾아내는 과정이었다. 그녀를 힘들게 하는 내면에 숨어 있는 진짜 원인을 찾아내는 것이다. 나는 조용히 두려움의 이유를 물었다. 그녀는 딸아이가 잘못된 삶을 살까 봐, 불행해질까 봐 두렵다고 했다. 자신이 딸아이를 망치고 있다는 사실이 두렵다고 했다. 왜냐하면 자신은 어려서부터 언제나 사람들에게 실망을 주는 존재였기 때문이라고 했다.

그러한 사실을 인식하자 관찰 작업은 더 한층 깊이 들어갔다. 그녀는 이제 서서히 깨닫기 시작했다. 그녀가 얼마나 많은 순간들을 개인적 실패감 속에서 살아왔는지, 그로 인하여 얼마나 자주 슬픔과 우울감에 젖어 있었는지 알았다. 나는 그 순간을 '아야! 순간'이라고 부른다. 정말 아픈 지점을 꾹 누르는 순간 나도 모르게 비명이 터져 나오는데, 즉 나를 아프게 하는 잘못된 감정의 맥을 정확히 짚어냈다는 뜻이다. 그 아픈 감각을 통해 우리는 잘못된 감정이 나에게서 내 삶을 얼마나 앗아 갔는지, 다른 사람과 가까워지는 것을 얼마나 방해했는지 비로소 헤아리게 되는 것이다.

그녀의 뺨에 눈물이 흘러내렸다. 자신은 늘 실망을 주는 사람이라고 웅크리며 살아가는 동안 자신에게도, 가족과 다른 사람에게도 마음을 나누지 못했다는 사실에 대한 안타까움과 후회가 눈물로 흘러넘친 것이다. 이처럼 조사와 관찰은 우리 안에 깊이 잠재되어 있는 슬픔을 불러 깨운다. 나는 이를 '정화하는 슬픔', 일종의 영혼의 슬픔이라고 생각한다. 우리가 제한된 자기를 진짜 '나'로 믿고 살 때 잃어버린 사랑의 순간, 삶의 순간들을 다시 느끼는 순간이다. "아야, 아파"라고 소리치면서 말이다. 그때 내면에서는 자신에 대한 가여움, 연민이 일어난다. '그랬었구나' 하는 마음이다.

나는 그녀에게 자신의 뺨에 손을 대보라고 했다. 그리고 상처 입은 그 지점, 그 공간에 해주고 싶은 말을 해보라고 했다. 그녀의 눈에서 뜨거운 눈물이 또 흘러내렸다. 그 눈물은 '미안해. 그런 줄 몰랐어. 너를 사랑해.'라는 의미가 담겨 있었다. 그것은 일종의 카타르시스였다. 나는 그녀에게 물었다. 그녀의 그 애도가 그녀에게 가장 원하는 것은 무엇이냐고. 그러자 그녀는 "나를 돌봐달라는 거예요."라고 대답했다. 그녀는 스스로를 돌볼 사람은 자신이라는, '자기 돌봄'을 알게 된 것이다. 나는 자주 사람들에게 시시때때로 돌봄의 현존을 그저 느껴보라고 한다. 친절함으로 자기 내면을 살펴보라는 것이다.

그녀가 눈을 감은 채 점차 말이 없자 나는 내면에 무슨 일이 일어나고 있냐고 물었다. 그녀는 단순하게 "스스로를 돌보고 있어요." 라고 대답했다. RAIN의 마지막 글자 N(동일시하지 않음)이 이뤄지는 순간이다. 그녀는 자신에 대한 심판관에서 자기를 돌보는 사람으로 옮겨 갔다. 실패한 자기가 아니라 자각하고 깨어있는 사람으로 거듭난 것이다. 이 모두가 현존, 바로 이 순간을 경험하면서 일어난 변화다. 그녀는 더 이상 못나거나, 실패한, 뭔가 잘못되어간다고 느낀 '나'가 진짜 나가 아니라는 사실을 깨달았다.

그녀에게 이 작업은 한 번으로 끝나지 않았다. 자신의 막혀 있는 부분이 건드려져 화가 나고 원망하는 마음이 일어날 때 그녀는 의도적으로 멈추었다. 그러고는 '지금 내가 무엇을 믿고 있지?' '내가 무엇을 느끼고 있지?'라고 생각하며 자신의 가슴에 손을 얹었다. 그리고 그 손닿음만으로도 그녀의 부교감신경이 자극을 받아 즉각적인 감정 폭발이 일어나지 않았다. 그것은 변연계의 반응을 진정시키고 부교감을 활성화시키는 아주 직접적이고 신체적인 방법이었다.

얼마 뒤 그녀는 스스로를 '수치스러운 사람'으로 동일시하지 않게 되자 화를 덜 내게 되었다. 수치심은 우리가 다른 사람과 관계를 맺는 중에 자신이 형편없는 존재라고 느낄 때 일어나며 이를 감추기 위해 화를 내는 것이다. 자신의 분노 아래에 감춰진 어떤 층을 다룰 수 있게 된 그녀는 딸에게도 화를 덜 내게 되었으며 이것은 딸과 더 많이 접촉할 수 있는 분위기를 만들어주었다.

그녀는 또 자신의 손을 딸아이의 가슴 위에 얹는 모습을 상상할 수 있다고 했다. 그녀는 자신에게 보냈던 것과 똑같은 메시지를 딸아이에게도 보냈던 것이다. '그랬구나. 미안해. 사랑해.'

만약 그녀가 나를 처음 찾아왔을 때 "당신은 딸아이에 대해 무척 화가 나 있군요. 아이에게 사랑한다는 메시지를 보내세요."라고 말했다면 그녀의 상황은 결코 좋아지지 않았을 것이다. 나를 고통스럽게 하는 어떤 문제이든 나에게서 풀어야 한다. '나'를 모른 채 무조건 사랑을 베풀라고 하는 것은 한 알의 진통제에 불과하다.

인도의 성인 스리 니사르가다타는 말했다. "내가 여러분에게 해줄 수 있는 말은 오직 한 가지입니다. 바로 자신을 완벽하게 사랑하라는 것입니다." 자신에 대한 사랑을 완벽하게 만드는 것이 바로 RAIN 연습이다. 그리고 RAIN의 시작은 바로 지금 여기에서 이뤄져야 한다. 시인 다나 폴즈의 시 〈지금 깨어나기〉는 이러한 현존의 이야기를 속삭이고 있다.

왜 깨어날 때까지 기다리나요.
아침에 눈을 뜨는 순간, 바로 그날을 잡으세요.

사랑하는 사람이 손짓할 때도 뒤로 물러설 건가요.

아이가 소중하게 모은 바닷조개처럼

장황하게 당신의 죄를 세어보기만 할 건가요.

힘없이 땅을 바라보며

"아니, 나는 이 문턱을 넘어가지 못할 거야."라고 의심할 건가요.

"나는 그럴 자격이 없어. 나는 두려워.

나는 동기가 순수하지 않아."라고 말할 건가요.

"나는 완벽하지 못해. 게을러."라고 말할 건가요.

"나는 생각이 깊지 못해. 기도도 서툴고."라고 말할 건가요.

지금 열린 문에서 쏟아져 들어오는 찬란한 빛보다

작은 자기에 머물러 있는 이유를 더 중요하게 생각하고 있지 않나요.

지금 자신을 용서하세요.

지금이 온전해질 수 있는 유일한 순간입니다.

자신의 진정한 자기의 빛 속에서 살 수 있는 유일한 순간이 지금입니다.

완벽은 그 어느 것의 조건도 아닙니다.

오직 고통을 위한 조건일 뿐입니다.

그러니 부디 이제는 거짓 '나'와 실패의 이야기를 믿지 마세요.

오늘이 바로 당신이 깨어나는 날이니까요.

겨울의 끝, 창문을 두드리는 봄비를 떠올려보라. 겨우내 메마른

땅을 촉촉이 적시는 빗방울, 땅속에 숨어 있던 생명들이 꿈틀거리며 움직이는 소리가 들리지 않는가. RAIN은 단비다. 우리를 지금 이 순간 현존하도록 하는 따듯한 비다. RAIN의 감각을 지금 나의 힘든 상황에 가져가보라. 꼭 좌선 명상이 아니어도 좋다. 일상생활 속에서 순간순간 RAIN의 감각을 접속해보라. 현재 일어나고 있는 일을 그저 인식하고 허용하는 것이다. 지금 내 가슴과 몸에서 어떤 일이 실제로 일어나고 있는지 확인하는 것이다. 마치 가슴에 손을 얹듯이 친밀한 주의력과 친절함으로 잠시 품어 안아 보라. 그것만으로도 마음이 열리고 더 큰 현존이 가능하다는 것을 깨닫게 될 것이다.

지금, 여기에 깨어있는 명상

/

지금 나에게 무엇이 일어나고 있는가?

앞에서 연습한 간단한 호흡 명상에 이은 조금 더 깊고 섬세한 명상이다. '자연스러운 현존에 도착하기'라고 부르는 이 명상은 깨어남과 알아차림에 대한 연습이다. 글로 접하는 명상이지만 자주 반복하여 읽고 실천하면 자연스럽게 몸에 익을 것이다.

다른 명상 수행과 마찬가지로 먼저 편안한 자세로 앉는다. 허리를 곧게 세우고 몸이 한쪽으로 치우치지 않도록 균형을 잡는다. 잠시 동안 호흡을 느껴본다. 숨을 깊게 들이마시되 배꼽에 닿는 듯이, 공기의 감각이 몸 전체를 가득 채우도록 한다. 공기가 폐에 가득 차는 느낌이 드는 순간 그대로 잠시 멈춘다. 그리고 가득 찬 느낌을 그대로 가져가면서 풍선에서 바람이 천천히 빠지듯 숨을 내쉰다. 내쉬는 숨 끝에서 모든 것을 편안하게 내려놓는다. 다시 숨을 들이쉬다가 잠깐 숨을 참는다. 그 다음 날숨과 함께 몸 전체가 부드럽게 이완되도록 하면서 편안하게 모든 것을 내려놓는다. 다시 한 번 깊고 길게 숨을 들이쉬고, 날숨과 함께 편안하게 내려놓는다. 이제 호흡은 자연스러운 리듬으로 들숨날숨 편안하게 몸을 이완시킬 것이다.

이어 자신의 몸을 자각하여 긴장된 부위를 풀어준다. 몸의 특정 부분이 긴장되는 것은 지금 여기 있는 그대로의 삶을 거부하고 있음을 뜻한다. 혹 이를 악물고 있다면 가볍게 턱을 움직여 풀어준다. 턱을 내밀고 있다면 고개를 숙여 당긴다. 처진 입가에 살짝 미소를 짓는다. 어깨 부위가 딱딱하게 굳어 있다면 부드러움이 느껴지는 장면을 떠올린다. 얼음이 물로, 물이 수증기로 변해 사라지는 것을 상상하는 것도 좋다. 이것은 자신에게 '내려놓음'이라는 선물을 주기 위한 과정이다. 두 손은 양쪽 무릎 위에 편안하게 올려놓는다. 잠시 두 손 안에서 생명의 기운을 느껴본다.

이즈음에서 다시 호흡을 의식한다. 가슴과 배 속으로 드나드는 한 호흡, 한 호흡, 그 부드럽고 고요한 공기의 흐름을 천천히 고관절과 다리, 발로 내려보낸다. 발에 따끔거림이나 맥박, 진동이 느껴진다면 그것 역시 있는 그대로 느껴본다.

자, 이제 주의의 영역을 더 넓혀 '감각의 장場'으로서 몸 전체를 느껴보는 과정이다. 어떤 것도 멈추거나 통제하려 하지 말고 다만 지금 여기 존재하는 당신의 삶이 가슴을 통과하여 가도록 내버려둔다. 먼저 지금 여기서 일어나는 소리를 자각해보라. 귀로 듣는 것뿐만 아니라 자신의 온 지각을 동원해 듣는다. 방안의 빈 공간에도, 마음속에서 일어나고 사라지는 혼잣말 소리에도 귀 기울인다. 내면의 소리와 소리 사이의 빈틈에도 귀 기울인다. 바깥 멀리서 들려오는 소리도 들어보고, 소리가 어떻게 일어나고 사라지는지 주목한다. 소리는 광대한 자각의 장에서 그저 일어나고 사라지고 있을 뿐임을 우리는 알게 된다. 이 과정은 단지 몸의 느낌으로 지금 이 순간을 자연스럽게 알아차려 보는 것이다. 여기까지 이르면, 이제 무엇이든 받아들인다는 자세로 텅 빈 공간을 내면에 허용한다. 귀에 닿는 소리를 자연스럽게 수용한 것처럼, 내 몸에서 일어나고 사라지며 변화해가는 몸의 감각을 느껴본다. 이때 일어나는 여러 생각에 끌려가지 않기 위해 '닻'을 사용하는 것도 도움이 된다. 닻은 당신의 주의를 바로 여기에 머물게 하는 도구다. 호흡이나 소리, 혹은 몸의 특정 감각을 닻으로 이용해도 된다. 현존을 방해하는 온갖 생각이 떠오를 때마다, 내가 정한 닻으로 주위를 가져와 그 생각에서 빠져나온다.

명상 중에 현존에서 벗어나는 것은 매우 자연스러운 현상이다. 그때마다 다른 생각에 빠져 있다는 것을 인식한 뒤 멈추면 된다. 그에 대한 어떤 판단도 내리지 말고 부드럽게 이 순간으로 다시 돌아와 다시 한 번 호흡을 자각한다. 생각은 우리가 물리쳐야 하는 적이 아니다. 마음에서 생각을 모조리 몰아낼 필요가 없다. 다만 생각이 일어나더라도 생각의 이야기 속에 빠져들지 않고 생각이 일어나고 있다는 것을 관찰하는 능력을 계발하면 된다. 생각으로 주의가 달아났거나 생각 속에 빠져 있음을 발견하게 될 때마다 다시 여기로 돌아오는, 생생한 현존의 감각으로 부드럽게 다시 돌아오는 것을 기억하는 마음의 근육을 키우는 기회로 생각하면 된다.

이 모든 과정이 물 흐르듯 진행되면 지금 이 순간에 존재하고 있다는 것이 어떤 느낌인지 살펴본다. 귀 기울여 듣고 있는 이 침묵 속에 터를 잡는다. 스스로 깨어있음이라는 광대한 바다가 되어본다. 지금 이곳에 살아있다는 이 신비야말로 우리 존재의 근원이다.

명상 중 의식의 흐름이 현존에서 벗어나더라도 그때마다 새롭게 다시 시작하면 된다. 어떤 이들은 자꾸 딴생각에 빠진다고, 명상 체질이 아니라는 등의 이유로 몇 번 하다 그만두기도 한다. 그러나 그런 생각 자체가 내가 현존하지 못하는 삶을 살고 있다는 증거다. 현존에 머무는 명상의 핵심은 지금 무엇이 일어나고 있는지 단순하게 관찰하면서 모든 것을 있는 그대로 인정하는 데 있다는 점을 기억하라. 현존의 감각을 깊게 만드는 데는 두 가지 질문이 도움이 된다.

"지금 나에게 무엇이 일어나고 있지?"

"지금 일어나고 있는 그대로 허용할 수 있을까?"

일상에서도 틈틈이 이 질문을 떠올리며 잠시 멈춰보라. 몸에 익으면 어려움을 만날 때마다 감정에 쫓겨 헤매지 않는다. 오롯이 그 현실에 집중할 수 있으며 지혜로운 선택을 내리는 데 큰 도움이 된다.

2부

∞

나보다 더 나은 나는 없다

검은 선글라스를 낀 남자가 레스토랑에 들어오면서 한마디 했다. "여기는 왜 이렇게 어둡죠?" 남자는 선글라스를 낀 사실을 잊고 있었다. 나는 부족하다, 못났다, 완전하지 못하다는 선글라스 때문에 우리는 진정한 본성을 알아보지 못한다. 나의 본성을 깨우치는 훈련은 선글라스를 끼고 있다는 사실을 인식하고 벗기, 즉 '나는 부족하다'는 자기혐오, 자기 불만족을 알아채고 그런 자신에게 연민을 보내는 것이다. 연민의 눈길로 나를 바라볼 때만 나의 완전함을 깨우칠 수 있는 생각과 믿음이 생긴다.

자기혐오와 자기 불만족도 어떤 면에서는 나를 사랑하는 하나의 방법이다. 더 나은 '나'를 만들기 위한 노력이 뒤따르기 때문이다. 그러나 이것은 잘못된 사랑이다. 나를 진정으로 사랑하는 마음이 없는 자기비판, 자기 불만족은 삶을 고통스럽게 만든다. 나를 사랑하는 데는 용기가 필요하다. 있는 그대로의 나를 받아들이고 지켜보겠다는 용기, 그 힘으로 우리는 삶의 온갖 고통과 괴로움, 두려움과 맞설 수 있다. 인생을 살아가면서 만나는 힘들고 아픈 요소들은 무서운 것이 아니다. 나의 본성, 나의 선한 마음을 믿으면서 충분히 감싸 안을 수 있다.

2부는 나를 완벽하게 돌보고 사랑하는 법에 관한 이야기다. 자기 연민, 용기, 용서, 믿음 차례로 이어지는 계단의 끝에는 진정한 자기 돌봄이 자리하고 있다.

내 속의 모든
나를 용서하다

3장

열등감은 나에 대한
잘못된 사랑이다

지금 이 순간을 살아가는 법은 나의 현재 상황을 그대로 받아들이는 것에서 시작한다고 나는 여러 번 강조했다. 그러나 내 안의 뒤엉키고 아픈 부분을 건드리는 것은 쉽지 않다. 꼭꼭 덮어둔 이불을 확 걷어버리면 너무 춥고 아프게 느껴지기 때문이다. 인정하기 싫은 너무 아픈 상황이라면 조금씩 다가가겠다는 조심스러운 여유를 가지는 것도 방법이다. 자, 그런 마음의 준비를 하고 먼저 자신이 받아들일 수 없는 것은 무엇인지 생각해보자.

나의 일부 가운데 밀쳐버리고 싶은 것이 있는가. 자주 수치스러운 생각이 드는가. 누군가에게서 평가받는다고 느끼는 부분은 무엇인가.

당신이 받아들일 수 없는 것은 무엇인가. 자녀에 대한 양육 방식인가. 가까운 사람과의 관계가 자주 어긋나는 것인가. 이루지 못한 어떤 것에 대한 실망인가. 지금 하는 일이나 능력에 대한 불만족인가. 어떤 중독 행동에 빠져 있는 자신인가.

자신을 있는 그대로 수용하지 못하는 부분은 무엇인가. 자신의 얼굴과 외모에 대한 열등감 혹은 체중이나 질병 같은 신체적인 문제인가. 자신에게 뭔가 결여되어 있고 그것을 채우려고 노력하지만 번번이 실패하고 있다고 생각하는가.

이 밖에도 우리를 괴롭히는 문제는 아주 많다. 지구 위에 살아가는 인간의 숫자보다 더 많을지도 모른다. 우리가 바라고 채우고 버리고 싶은 것이 떠올랐다면, 이제 있는 그대로의 자신을 받아들이지 못하도록 방해하는 것은 무엇인지 스스로에게 질문하라. 지금 있는 그대로를 괜찮다고 느끼지 못하게 만드는 것은 무엇인지 물어보라.

그 다음 지금 있는 그대로의 상황을 내가 친절한 마음으로 수용한다면 그 뒤 어떤 일이 일어날지 상상해보라. 또 있는 그대로 받아들이지 못할 경우 일어날 수 있는 나쁜 일은 무엇이 있는지도 떠올려보라.

아마도 받아들였을 때와 받아들이지 못했을 때 일어날 수 있는 일에는 분명한 차이가 있을 것이다. 받아들이지 못했다면 '두 번째 화살'을 맞은 것과 같다. 앞에서 나는 이미 일어난 일이 첫 번째 화살이요, 그에 대한 나의 잘못된 반응이 두 번째 화살이라고 했다. 두 번째 화살은 첫 번째 화살보다 훨씬 더 강력하다. 첫 번째 화살이 부지불식간에 일어난 일이라면, 두 번째 화살은 내가 나 자신을 향해 쏜 것이기 때문이다.

두 번째 화살을 맞지 않는다면 어떻게 될까. 지금 우리의 경험과 있는 그대로의 자신을 받아들인다면 어떻게 될까. 여기서 '받아들인다'는 것은 내가 의도하는 어떤 특정한 방식에 대한 기대가 아니다. 물론 우리의 뇌는 그걸 바라고 있을지도 모른다. 곧 괜찮아질 거라고, 시간이 흐르면 완전히 바뀔 거라는 생각, 모른 척 잠시 피해 있으면 좋아질 거라는 기대다. 그러나 받아들임은 그런 막연한 생각 뒤에 숨는 것이 아니다.

그런 잘못된 믿음이 오히려 두 번째 화살을 합리화시킨다. 지금 화를 내고 분노하지만 나는 곧 수습할 수 있다, 이 고통만 사라지면 행복할 것이다, 조금만 능력이 있다면 성공할 수 있다, 라는 식으로 상황을 무시해버리는 것이다. 즉 나에게 두 번째 화살을 쏘아 보내는 동안에도 우리는 스스로 자신이 상황을 통제할 수 있다고 믿는다. 그러면서 계속 끌려간다.

칼 로저스는 말했다. "있는 그대로의 자신을 받아들이기 전까지 우리는 결코 변화되지 않는다." 있는 그대로 받아들일 때만 우리는 변화할 수 있고 변화가 가져오는 자유를 누릴 수 있다는 말이다. 역설적이게도 지금 이 순간을 받아들이는 것이야말로 우리가 바라는 모든 것의 전제 조건이 된다는 뜻이다. 그런데 우리는 그걸 뒤집어버린다. 있는 그대로 받아들이지 못한다. 자신이 변화하기 위해서는 두 번째 화살을 계속 맞고 있어야 한다고 생각하는 것이다.

여기에서 두 번째 화살에 관해 좀 더 깊이 살펴보자. 최근 안타까운 연구 결과를 읽었다. 성폭행 피해자 중에 스스로를 비난하는 피해자가 그렇지 않은 피해자보다 심리적인 치료 예후가 더 좋다는 것이다. 이것이 의미하는 바는 무엇인가. 내 잘못으로 피해를 입었다고 생각하는 것은 분명 잘못된 책임감이다. 그러나 비난의 대상으로 삼은 '나'는 바로 내 안에 있으므로, 이 또한 내 자신이 통제할 수 있는 여지가 있다. 자책과 자기 비난도 근본적으로 나에 대한 사랑, 나를 보호하려는 자기애의 또 다른 표현이다. 자신을 어느 정도 비난하는 것은 스스로를 방관하지 않고 무력하게 버려두지 않는 역할을 한다.

단, 자기 비난이 오래 지속되어서는 안 된다. 자기 비난과 같은 잘못된 책임감을 오랫동안 안고 가면 발달적 정체 상태에 빠지고 만다. 자기 연민이 필요한 부분이 바로 이 지점이다. 잘못된 책임감으로 힘들어하는 '나'를 받아들이고 안타까워하며 눈물 흘려주는 것이 자기 연민이다. 스스로를 동정 어린 눈길로 바라보면서, 지금 있는 그대로를 받아들이게 되고, '네 잘못이 아니다.'라는 용서의 단계까지 나아갈 수 있다. 만약 어떤 생물보다 높은 정신세계를 가진 인류가 진화적으로 자기비판 능력만 발달시켰다면 일찌감치 멸종되었을 것이다.

치유healing의 시작점은 우리가 맞은 두 번째 화살을 분명하게 인식하는 데서 출발한다. 그런데 우리가 나를 찾는 영적인 여정을 더 깊이 걸어갈수록 그 화살은 점점 더 예민해진다. 어떤 특정한 생각에 아주 약간 기울어지려 하면 얼른 스스로에게 불만을 품는다. '나에겐 뭔가 문제가 있어.'라는 생각이 끊임없이 일어나는 것이다. 이 미묘한 화살, 그러니까 자신을 공격하는 성향은 매우 조심스럽게 다뤄야 한다. 그것을 끝까지 추적하지 않으면 우리 안의 가장 본질적인 상처를 치유할 방법이 더는 없기 때문이다. 인도의 영적 스승 니사르가다타는 이렇게 말했다.

"당신에게 필요한 것은 모두 이미 당신 안에 있다. 당신은 존중과 사랑으로 스스로에게 다가가기만 하면 된다. 자기 비난과 자기 불신은 커다란 실수다. 당신이 끊임없이 고통에서 도망가고 기쁨을 구한다는 사실은 당신이 스스로를 사랑하고 있다는 징표다. 내가 당신에게 바라는 것도 바로 이것이다. 자신에 대한 사랑을 완벽한 것으로 만들어라. 다시 한 번 부탁한다. 자신에 대한 사랑을 완벽하게 만들어라. 자신의 무엇도 부정하지 마라. 무한과 영원을 자신에게 부여하라. 그리고 어쩌면 당신은 그런 것조차 필요 없는 존재임을 발견하라. 당신은 이미 그것들을 넘어선 존재이므로."

"당신이 끊임없이 고통에서 도망가고 기쁨을 구한다는 사실은 당신이 스스로를 사랑하고 있다는 징표다."라는 구절은 잘못된 도피처가 지금까지 우리가 스스로를 돌보기 위해 기울인 최선의 노력이었음을 말해준다. 참으로 안타까운 일이다. 우리는 스스로를 비난하는 데 너무 익숙해져 있다. 그럴 수밖에 없다. 그것이 우리가 알고 있는, 우리 자신을 사랑하는 최선의 방법이기 때문이다. 니사르가다타의 말처럼 우리는 거기서 멈추어서는 안 된다. 자신에 대한 사랑을 더 완벽하게 만들어야 한다. 무엇이 가장 완벽한 사랑일까. 사랑의 가장 순수한 형태는 바로 주의(관심)다. 우리가 나 자신에게 온전한 주의를 기울이고 섬세한 관심을 가지는 것이 사랑이다. 온전한 관심은 바로 지금 이 순간 '깨어있기'다.

니사르가다타는 '당신 자신'에게 매우 깊고 심오한 관심을 기울이라고 권한다. 여기서 '당신 자신'은 분리된 개별적 에고로서의 '나'가 아니다. 지금 여기 존재하는 살아있음에 대해, 살아있는 경험에 대한 이야기다. 또 우리가 자신에 대한 사랑을 완벽한 것으로 만들라는 것에서 '완벽하다'는 '제대로 하라'는 의미가 아니다. '완벽하다'는 것은 '무조건적인'이라는 의미다. 지금 이 순간 나 자신에 대한 사랑을 거두지 말고, 자신의 존재를 자신의 가슴 바깥으로 밀쳐내지 말라는 것이다.

인도의 성자 바푸지는 말했다. "내 사랑하는 아이들아, 더 이상 너희들의 가슴을 부수지 마라. 자신에 대해 판단을 내릴 때마다 너희들은 너희의 가슴을 부수는 것이다. 이제는 너희들이 살아야 할 때, 너희들이 너희의 본성인 선함을 축복하고 알아야 할 때가 왔다. 어떠한 사람도 어떠한 사물도 그리고 어떠한 생각이나 이상도 너희들을 방해할 수 없다. 심지어 누군가가 '진리'라는 이름을 들고나온다 해도 그저 그것을 용서하라. 그 알지 못함을 용서하라. 그것에 맞서 싸우지 마라. 그저 내려놓아라. 그리고 너희의 본성인 선함 속으로 숨을 쉬어라."

나를 가장 아프게 하는 것에
"예"라고 말하라

누구나 가슴속에 가장 아픈 이야기 하나쯤 있다. 아픔을 견디는 정도는 사람마다 다르지만, 나의 아픔은 누구의 아픔보다 가장 아프다. 스티븐 킹의 소설 〈시체The Body〉에는 이런 구절이 나온다.

"가장 고백하기 힘든 사연이 그 사람의 인생에서 가장 소중한 의미를 가진다." 지금 나를 가장 아프게 하는 것, 나를 고통에 빠트리고 절망하게 하는 것. 그것이 어쩌면 내 삶을 풀어가는 가장 핵심적인 키워드가 될 수 있다. 그래서 작가는 '가장 아픈 것'이 '가장 소중한 의미'가 된다고 말하고 있다.

RAIN의 과정에서 제일 신비로운 부분은 바로 나의 가장 아픈 곳에 주의를 기울일 때 일어나는 반응이다. 이 과정은 흡사 연금술과 같다. 그동안 모른 척하거나 무의식 속에 덮어두거나, 잊고 있었던 상처가 건드려지는 순간 우리는 "아야!"라고 소리친다. 그런데 상처의 아픔을 얼마나 정직하게 자각하느냐에 따라 우리 자신에게 보내는 연민의 깊이도 달라진다. 나를 향한 연민의 온도가 높을수록 상처를 온전히 보듬으며 진정한 '나'를 깨닫게 되는 것이다.

앞에서 딸의 일탈과 방황으로 괴로워하던 여인의 RAIN 과정을 이야기했다. 그녀는 딸아이가 자신 때문에 잘못될 거라고 자책하고 있었다. 그녀는 자신을 부족하고 능력 없는 사람이라고 생각했다. 어려서부터 부모와 친구들에게 늘 실망감을 주었으며 직장 생활에서도 인정받지 못했다. 딸을 키우면서 그녀는 늘 자기가 잘못하고 있는 것은 아닌지 불안해했다. 불안함 속에서 바라보는 딸아이는 늘 위태로울 수밖에 없었다.

나는 그녀에게 물었다. "사람들에게 실망감을 안길 때 당신의 몸에서는 어떤 느낌이 들었나요?" 그녀는 가슴속에서 뜨거운 덩어리가 뭉클거리는 듯 고통스럽고 또 가슴속이 뻥 뚫린 듯 외롭다고 했다. 나는 그 느낌 그대로, 온전히 느껴보라고 했다. 그러고 나서 그녀에게 물었다. "이 느낌을 언제부터 느껴왔나요? 고통스럽고 외로운 느낌 말입니다."

이 부분에서 그녀는 말을 잇지 못했다. 그리고 힘겹게 대답했다. "무척 오래전부터요. 오래전부터 이 느낌에 매여 살았던 것 같아요." 바로 '아야!' 하고 깨닫는 순간, 이때가 정말 극적인 순간이다. 얼마나 오랫동안 내가 이 괴로움을 겪었는지 헤아리면서 자신의 고통과 정직하게 대면한 것이다. '아야'라고 느끼는 순간 연민과 친절이 일어난다. 아이가 넘어지는 모습을 보고 "얘, 괜찮니?"라고 걱정하며 돌봄의 메시지를 보내는 마음과 같다. '연금술'이라고 한 것은 이 때문이다.

우리가 '아야!' 하는 부위와 진실하게 접촉하면 깊은 슬픔이 올라온다. '영혼의 슬픔'이다. 이것은 생명을 가진 존재는 모두 고통받고 힘든 시간을 겪는다는 자각으로 넓어진다. 보다 포괄적인 슬픔에 대한 감각이 생겨나는 것이다.

시 〈치유의 시간The Healing Time〉으로 유명한 시인 페샤 거틀러는 말했다. "마침내 '예'를 향하여 가는 길에서 나는 나의 삶에 대해 '아니요'라고 말하는 무수한 장소와 마주쳤네." "나는 그것들 하나

하나를 들어 올려 내 가슴에 가까이 가져다 대고 '신성하다, 신성하다.'라고 말했다네." 이것은 우리 안에 있는 것과 접촉할 때마다 그것에 대해 조금씩 더 부드러움을 가지고 대처해나간다는 뜻이다.

그런데 나와 수련을 해온 많은 사람들이 처음에는 '자기 가슴에 손을 얹고 친절을 베푸는' 것을 낯설어했다. 지금까지 그들이 자신과 맺었던 관계와 정반대되기 때문이다. 늘 자신을 모자라다, 아무것도 아니다, 고통을 느끼는 건 당연하다……고 생각하다가 갑자기 자신을 부드러운 눈길로 바라보려니 선뜻 내키지 않은 것이다.

나는 그들에게 눈을 감고 가슴에 손을 얹은 뒤 누르는 세기를 조금씩 달리하면서 느껴보라고 했다. 손으로 가만히 누르는 행위에서 부드러운 현존의 감각이 일어난다. 어떤 사람은 '좋아, 이렇게 부드러운 느낌으로 다가서자.'라는 생각으로 자신의 집으로 돌아가는 듯한 편안한 느낌을 갖는다. 그러나 또 어떤 사람에게는 너무나 생소하고 막막하게 느껴질 뿐이다. 이들에게는 매개 역할을 해줄 어떤 대상이 필요하다. 나는 평소 자신을 신뢰하고 돌봐주며 이해해주는 누군가를 떠올려보라고 한다. 친구나 할머니, 성직자가 될 수도 있다. 아니면 개인적으로는 알지 못하지만 자애로운 인품을 갖춘 학자나 상담가가 될 수도 있다. 나아가 부처나 예수와 같은 영적인 인물일 수도 있다. 나는 가슴에 손을 얹고 조금 전 마음에 떠올린 사람이 자신을 이해와 돌봄의 눈으로 바라보는 장면을 그려보라고 한다. 마치 그들의 에너지가 자신의 손을 통해 가슴으로 흘러들어 온다고 상상하는 것이다. 자신이 신뢰하고 존경하는 사람의 눈과 가슴을 통해 객관적으로 나의 상처와 고통을 수용하고 연민을 가질 수 있게 된다.

인도의 영적 스승 디파 마는 60대 후반에 영적인 탐구를 시작하여 70대에 이르러 활짝 꽃을 피웠다. 디파 마는 키 150센티미터가 겨우 넘는 아주 작은 체구를 가졌다. 그녀는 수천 명을 수용하는 큰 체육관에서 가르침을 펴곤 했는데, 청중석을 돌아다니면서 누군가 힘들어하는 이가 있으면 두 팔을 벌려 다가갔다. 키가 작은 그녀의 가슴이 앉아 있는 그들을 품어 안은 듯이 보였다. 그러고는 나지막이 "괜찮습니다."라고 말했다. 이것은 단지 "잘될 거야. 너무 걱정 마라."라는 안이한 위로와는 다르다. 우리가 지금 아무리 힘든 상황에 처해 있더라도 '괜찮다'는 진심이 가슴으로 전해지는 위로다.

디파 마의 이야기를 처음 들었던 것은 내가 수련 초창기 시절이었다. 당시 나는 커다란 혼란과 슬픔에 빠져 있었다. 그 이야기를 듣고 나는 디파 마의 작은 가슴이 내 어깨에 닿아 있는 상상을 했다. 그녀의 속삭임도 들리는 듯했다. 차츰 나는 혼란과 슬픔이 사라지길 바라는 작은 자아가 아니라, 고통을 수용함으로써 더 큰 자아를 느끼게 되었다. 슬픔과 무기력, 허무함, 고통, 절망에 빠진 나를 친절하게 돌볼 때, 나에게 다가온 모든 순간을 '예'라고 인정할 때 우리는 완전한 현존을 이룰 수 있음을 알게 된 것이다.

슬픔의 끝을
슬픔으로 남기지 마라

치유와 영적 깨어남에 관한 가장 유용한 비유 중 하나는 바다와 파도다. 바다는 곧 우리의 본성인 '존재성being-ness'을 가리킨다. 바다에서 생성되는 파도는 우리가 느끼는 흥분과 두려움, 고통, 즐거움, 생각, 분노, 행복감이라고 할 수 있다. 우리의 존재성 혹은 전체성에 대한 감각이 오로지 협소한 파도에만 집중될 때 바로 그 자리에서 고통이 일어난다. 다시 말하면 우리가 '나쁜 자기', '두려운 자기', '불안한 자기', '무가치한 자기'로서 경험되는 일정한 패턴의 신념과 느낌에 매일 때 고통을 느끼게 된다.

치유는 바로 지금 '깨어있기'를 통해 파도를 잘 맞이하도록 이끄는 과정이다. 치유의 시작은 멈춤이다. 파도가 일어날 때, 즉 특정한 생각이나 힘들고 고통스럽고 나약한 생각이 일어나는 그 순간에 잠시 멈추는 것이다. 이는 곧 꺼져버릴 파도를 믿지 않고 현존 속으로 들어가겠다는 의지의 표현이다. 우리는 현존을 통해 우리의 본성이 생각과 느낌이라는 파도가 아니라는 것을 깨닫게 된다. 나아가 우리의 본성을 바다로 확장시킨다. 우리는 스스로를 기억하는 바다 자체가 된다.

과거에 겪은 상처와 트라우마가 많을수록 우리는 자신을 파도와 동일시하게 된다. 우리 자신의 본성을 두려움의 파도, 분노의 파도에 더 엄격하게 한정시킨다. 이런 경우에는 우리의 더 큰 본성인 바다를 기억하게 해주는, 현존의 감각으로 들어가는 문을 찾기가 매우 어려워진다. 우리가 우리보다 더 큰 무엇에 속한다는 느낌을 찾기가 힘들다는 뜻이다.

사실 대부분의 사람은 트라우마를 한 가지 이상 갖고 살아간다. 태어날 때 무의식적으로 받은 트라우마, 학교나 여러 집단에서 겪은 트라우마, 퇴직과 같이 소속감이 단절된 데서 오는 불가피한 관계의 트라우마 등. 그런데 이보다 더 깊고 치명적인 트라우마는 단순히 당시의 두려움과 수치심, 분노를 회상하는 것만으로 치유가 불가능하다. 멈춤에서 한 단계 더 나아가야 한다. 서양 긍정심리학자들은 트라우마를 새로운 맥락에서 다시 경험해야 진정한 치유가 가능하다고 주장한다. 트라우마에서 비롯되는 두려움을 '새로운 자원resource'으로 다시 경험하지 않으면 트라우마는 살면서 계속 반복되고 오히려 더 강화되는 결과를 낳는다는 것이다. 새로운 자원이란 친밀함, 부드러움, 열린 마음, 주의, 따듯한 관심으로 수용하고 허용하겠다는 자세다.

그러나 이 과정 또한 쉽지 않다는 것을 미리 알아야 한다. 트라우마가 깊을수록 나 자신이 매우 극심한 위험에 빠져 있다고 생각하면서 작은 자아, 잘못된 자아에 강하게 집착하기 때문이다. 여기에서 우리는 어떻게 '사랑과 안전'이라는 새로운 자원을 발견하여 더 깊은 현존의 과정, 현존의 치유 과정을 시작할 수 있을까.

어느 날 한 모녀가 상담을 받기 위해 나를 찾아왔다. 상담은 딸의 요청으로 시작되었다. 어머니는 상담을 받는 동안 딸아이가 어려서부터 의붓아버지, 그러니까 자신의 새 남편에게 성적 학대를 당했다는 사실을 알게 되었다. 당시 어머니인 그녀가 이 사실을 몰랐던 이유는 그녀의 습관적인 술버릇 때문이다. 너무 오랜 시간이 지나, 뒤늦게 이 사실을 알게 된 그녀는 어찌할 바를 몰랐다. 인정하기 싫은 끔찍한 일이었다. 그녀는 자신을 증오하기 시작했다. 남편이 딸아이에게 나쁜 짓을 하는 동안 술에 취해 잠든 자신을 상상하며 몸서리쳤다. 딸을 지키지 못했다는 것, 아무것도 모른 채 남편을 대했다는 것, 그런 자신이 너무나 밉고 화가 났다. 그녀를 그녀 자신이 죽여버리고 싶기까지 했다.

그녀는 대학시절부터 알고 지내는 목사를 찾아갔다. 그리고 모든 이야기를 털어놓았다. 사랑하는 딸아이에게 입힌 상처를 생각하면 너무나 괴롭고, 이런 자신을 절대 용서할 수 없다고 말했다. 혼자 가만있으면 자신을 파괴해버리고 싶다는 생각마저 든다고 했다. 목사는 잠자코 이야기를 듣고는 그녀의 손을 잡았다. 그러고는 그녀의 손바닥 위에 동그라미를 그리며 말했다.

"이것은 증오와 분노, 두려움, 상처의 동그라미입니다. 당신은 이 동그라미를 경험하고 느껴야 합니다."

이어서 그녀의 손바닥 위에 자신의 손바닥을 포갰다. 따뜻한 느낌이 전해지면서 흐트러진 마음이 안정되었다. 목사는 말을 이어갔다.

"그러나 이것만큼은 기억하십시오. 지금 당신의 손을 덮은 것은 위대한 신의 은총입니다. 용서의 영역입니다. 만약 당신이 느껴야만 하는 고통이 있을 때 이 사랑을 기억한다면 당신은 지금껏 알지 못했던 평화와 연민의 공간을 마음속에서 발견할 것입니다."

그 뒤 그녀는 두려움에 빠질 때마다, 화가 치솟거나 수치심을 느낄 때마다 목사의 손이 자신의 손 위에 포개지는 것을 상상하며 신의 은총을 조금씩 받아들이기 시작했다. 그렇게 몇 달이 흘렀다. 그녀는 이제 동그라미에서 놓여나 "괜찮아"라고 말할 수 있었다. 그뿐만 아니라 '나'라는 존재가 더 큰 품에 안겨 있음을 받아들였다. 몇 년 뒤 우연히 다시 만난 그녀가 나에게 이런 말을 해주었다.

"나의 상처 입은 자리를 어루만져 준 손이 실제로는 곧 나 자신의 깨어난 가슴이라는 사실을 깨닫게 되었습니다."

목사는 그녀에게 그녀 자신의 깨어있는 가슴으로 돌아갈 수 있는 길을 알려주었다. 자신을 용서하고 연민의 마음으로 품어 안을 수 있도록 했다. 그녀는 더 이상 '수치스러운 자기', '나쁜 자기'라는 괴로운 자기 정체성에 갇혀 있지 않았다. 돌봄을 주는 자기, 자각하는 자기라는 정체성의 공간에 다시 머물게 되었다.

그녀가 발견한 아주 중요한 사실이 하나 더 있다. 우리를 치유하고 자유롭게 만드는 자연스러운 현존은 이미 그녀 안에 자리 잡고 있었다는 것이다. 처음에 이 사실을 몰랐던 그녀는 스스로 '좋아, 그 수치심과 공포, 분노를 다시 느껴보겠어.'라고 말하지 못했다. 그녀에게는 다른 길이 필요했다. 그녀가 자신의 고통스러운 부위와 함께할 수 있도록 해주는 소속감과 안전, 친절과 접촉하는 경로 말이다. 목사가 '신의 은총'을 이야기해주자 그녀는 '신'이라는 안전한 품에서 자신의 고통을 새롭게 경험했고 결국 깨어난 존재로서의 자신을 발견하기에 이르렀다.

고통을 잠시 피하기 위한 피난처taking refuge는 매우 다양하다. 술과 오락, 기호식품, 약물, 과도한 노동 등 자신을 마비시키고 주의를 흩트리는 잘못된 피난처도 있다. 그러나 이와 반대로 좋은 피난처도 있다. 세찬 소낙비를 피해 숨어든 처마 밑에서 우리는 잠시 숨을 고르며 젖은 몸을 말린다. 처마 밑에서 바라보는 거센 빗줄기는 더 똑똑히 보인다. 왜냐하면 그것은 진실이기 때문이다. 그녀의 신이 그녀에게는 진정한 피난처가 되어주었다.

바뀌지 않는 나,
그래서 더 용서할 수 없다면

자기 연민은 고통 때문에 힘들어하는 내 안의 일부와 친절한 마음으로 관계 맺는 것이다. 나 자신을 불쌍하고 가련하게 여기는 마음이다. 그러나 자기 연민으로 껴안기 쉽지 않은 감정이 있다. 바로 수치심이다. 수치심은 나 자신이 나와 남에게 해를 입혔다는 생각에서 시작되는데, 자칫 자기 부정과 열등감, 열패감으로 커진다. 자기 연민이 자연스럽게 자기 용서로 이어지는 것과 반대다. 수치심을 내 잘못의 대가로 여기며 쉽게 자신을 용서하지 않는 것이다. 나를 찾아오는 많은 사람들이 "나 자신을 도저히 용서할 수 없을 것 같아요."라고 하면서 고개를 젓는다. 그들은 자신을 용서하지 못하고, 용서하지 못하는 자신을 또 미워하는 악순환 속에서 살아가며 괴로워한다.

수치심은 잘못된 도피처에 빠져 있을 때 더욱 우리를 괴롭힌다. 잘못된 도피처는 나뿐만 아니라 타인에게도 해를 끼치는 경우가 많다. 이 때문에 자신을 비난하며 다시금 예전의 행동을 반복한다. 이 것을 '고리 만들기looping'라고 한다. 강박적인 행동이나 약물 의존, 습관적 음주 등이 그 예다.

세라는 몇 년 전 내가 기획한 집중 명상 수련회에 참가하면서 알게 되었다. 그녀는 폭식을 하는 습관이 있었으며, 기도와 명상을 통해 이를 고치고 싶어 했다. 사실 폭식이나 거식증이 매우 극단적으로 보이지만 식이장애는 생각보다 일반적인 현상이다. 인간이 태어나면서 자신의 경험을 통제하는 최초의 방법이 바로 '먹는 것'이다. 여러 가지 이유로 불안해질 때 우리 스스로를 달래기 위해 가장 즉각적으로 쉽게 이용하는 방법이 먹기다.

세라는 수련회에서도 자신이 너무 많이 먹는다고 느끼고 있었다. 식사를 한 뒤 사람들의 눈을 피해 다시 다른 자리로 가서 또 먹곤 했던 것이다. 나는 세라에게 단지 지금 일어나고 있는 일을 관찰해보자고 했다. 단지 자신이 느끼는 수치심, 다른 사람이 자신을 보고 있을지 모른다는 두려움, 그리고 좌절감을 섬세하게 살펴보라고 했다. 한참 뒤 그녀는 말했다. "폭식을 고치려고 명상 수련회에 왔지만 여기서도 달라진 게 없어요. 이 고통은 도저히 어떻게 할 수가 없어요."

그것은 아주 큰 깨달음이었다. '폭식을 멈추고 싶어, 그런데 멈춰지지 않아. 이런 내가 너무 부끄러워.' 그녀를 괴롭혀온 이런 생각과 느낌은 세라의 의지와 상관없이 계속된다는 것이었다. 세라는 그것이 자신의 잘못이 아니라는 것, 다만 자신에게 일어나는 자연스러운 현상일 뿐이라는 것을 알게 되었다. 음식을 더 먹는 것을 묵인하고 방조하는 자신의 마음과 그에 따른 두려움과 수치심이 나 때문이 아니라는 사실에 닿는 순간 그녀에게는 '커다란 열림'이 일어났다. 자신에게 일어나는 일을 인식하고 허용하자 마음이 한결 가벼워졌다.

그런데 음식에 대한 중독을 일으키는 장본인이 자신이 아니라면 어디에서 시작된 것일까. 그녀는 좀 더 깊이 들여다보기 시작했다. 이 단계가 바로 '통찰 깨어있기comprehensive mindfulness'다. 나 때문이라는 협소한 생각에서 벗어나 우리가 살고 있는 사회와 문화 등 모든 외적 조건을 고려해보는 것이다. 그녀는 자신의 어린 시절부터 무엇이 자신의 잘못이라고 느끼도록 만들었는지 생각해보았다.

세라는 원래 날씬한 유전자를 타고나지 않았다. 통통한 몸매는 날씬한 친구들 사이에서 수치심을 느끼도록 했고 그 스트레스를 폭식으로 풀었다. 더구나 그녀의 어머니는 결혼 전부터 알코올 중독자였다. 세라는 어머니의 자궁에서부터 나쁜 영향을 받았을지 모른다. 어미 침팬지가 먹이 부족으로 새끼에게 젖을 제대로 주지 못할 경우, 새끼 침팬지는 평생 세로토닌의 균형을 이루지 못해 불안과 섭식장애를 겪게 된다는 연구 결과도 있다. 인간 역시 어머니의 사랑이 충분치 못한 경우 다른 데서 그 허전함을 채우려 하고, 정서적으로 우울과 슬픔에 빠지기 쉬우며 스스로를 미워하기도 한다. 세라가 그랬다. 이 모든 것을 헤아린 그녀는 폭식이 자신의 책임이 아니며, 나아가 폭식을 일으킨 다양한 원인과 조건을 알게 되었다. 세라는 비로소 자신이 가진 문제의 원인을 폭넓게 살피면서 '두 번째 화살'에서 벗어날 수 있었던 것이다.

앞에서 성폭행 피해자가 '그건 내 잘못이야.'라고 말하면 처음에는 무력감을 덜고 일종의 통제감을 느끼는 데 도움이 된다고 했다. 그러나 내 잘못이라고, 내 탓이라는 생각을 계속 갖고 산다면 자신을 고통 속에 가둬두는 격이 된다.

세라는 수련을 거듭하면서 자책하려는 마음이 일어날 때마다 '그건 내 잘못이 아니야. 단지 나에게 일어난 일일 뿐이야.'라는 새로운 메시지를 자신에게 계속 보내는 연습을 했다. 물론 이것은 세라가 정당하게 책임져야 할 것을 회피하려는 것이 아니었다. '내 책임이 아니니 무슨 일이 일어나도 상관없다.'는 태도와는 거리가 멀었다. 오히려 능동적인 해결을 찾으려는 자세를 불러왔다. 즉 나에게 일어난 일일 뿐이라고 허용함으로써 자신이 처한 상황에 현명하게 대응할 수 있는 틈, 혹은 자유를 갖게 된 것이다. 차츰 그녀는 오래되어 낡은 수치심을 떨쳐버리기 시작했다. 자신을 비난하지 않음으로써 자신의 정체성이 변화된다는 것을 깨달았다. 그녀는 강박적으로 음식을 먹는 사람이 아니라 거기서 일어나고 있는 일을 관찰하면서 친절의 메시지를 전하는 자각의 현존이 되었다.

만약 우리가 스스로를 심판하지 않는다면, 어떤 일반적인 상식을 벗어난 행위나 습관에 빠졌을 때 마치 죄를 짓는 사람처럼 보지 않는다면 그것은 우리가 자신에게 줄 수 있는 가장 큰 선물이 될 것이다. 다른 사람에게도 나쁜 사람이라고 비난하기 전에 단지 '당신이 행복해지려면 이것만은 바꾸어야 합니다.'라고 말해줄 수 있을 것이다. 그러한 존경과 돌봄의 분위기가 형성되면 우리는 좀 더 느슨한 가슴으로 핵심에 가닿을 수 있는 공간에 한 발 들어간 셈이 된다. 핵심이란 곧 나의 '중요한 상처'다.

홀로 있을 때조차
부끄러움을 느끼는 우리

나의 모자람, 부끄러움, 상처, 고통, 우울감을 피하기 위해 우리는 다양한 전략을 세운다. 순응하거나 회피, 은폐하려고 한다. 이때를 잘 인식해야 한다. 이런 전략들은 잠깐의 위안이나 효과를 발휘할 뿐 '나는 역시 부족해.' '나는 역시 안 돼.'와 같은 생각이 더욱 강해지는 결과를 낳기 때문이다. 이것을 2차적 수치심이라고 한다.

당신이 자신을 불완전한 존재라고 여긴다면, 그래서 그것으로 인해 우울한 상태에 있다면 자신이 뭔가 결함이 있는 존재라는 생각은 더 깊어진다. 다시 말해 처음의 부족한 느낌을 덮어 감추고 그것으로 인한 수치심에서 도망가려 하는 우리는 거기에 또 하나의 수치심을 덧붙이게 된다.

직장을 자주 옮기는 한 젊은이가 있었다. 그는 자신의 내성적인 성격이 마음에 들지 않았다. 직장에서는 전혀 내색하지 않으며 오히려 과장되게 행동하곤 했다. 그런 피로감을 그는 집에서 홀로 술을 마시며 풀었는데 술에서 깨고 나면 오히려 기분이 몹시 나빠지곤 했다.

또 어떤 불안함을 잊기 위해 과식을 하는 여대생은 엄청나게 먹어치운 흔적을 보고 울기를 반복했다. 그녀의 불안함이 과식으로 다시 자괴감, 자책감으로 발전한 것이다. 타인을 시기하거나 비난하는 방법으로 자신의 부족함을 덮으려고 하는 경우에도 자신이 그러한 비겁한 행동을 했다는 것에 대한 수치심으로 괴로워하게 된다. 아무도 없는 곳에 홀로 있을 때조차 우리는 수치심을 느낀다.

이렇듯 다양한 은폐 전략을 실행에 옮김으로써 우리는 자기 내면의 삶에서 더욱 멀어진다. 바깥세상, 타인과 친밀하게 관계 맺는 능력을 점점 잃어버린다. 스스로 '감추어진 자기' '비밀스러운 자기'를 좋아하지 않으면, 다른 사람들이 그러한 나를 받아들여 주리라는 믿음을 갖지 못하게 된다. 내가 나를 싫어하는데 다른 사람이 나를 좋아할 거라는 생각은 상상도 못 하는 것이다. 나의 진짜 모습을 다른 사람이 알면 거절당할까 봐 우리는 두렵다. 그래서 더더욱 자신을 감추고 믿지 못한다. 자신에 대한 불신은 우리를 다른 사람으로부터 점점 멀어지게 한다.

두려움 때문에 우리는 워크홀릭(일중독자)이 된다. 있는 그대로 괜찮지 않은 자신을 열심히 일함으로써 보상받으려고 한다. 우리는 불안과 무가치하다는 생각을 느끼지 않으려고 계속해서 많이 먹는다. 또 우리가 상처받았다는 것을 스스로에게 인정하지 않기 위해 거짓된 모습으로 살아간다.

우리는 자기 내면의 거부당한 삶을 똑바로 바라보기를 두려워한다. 그 결과 진정한 자기 모습이 아닌 늘 다른 사람 눈에 비치는 자기 모습을 의식한다. 사람들에게 내가 어떻게 보이기를 바라는 그 모습이 진짜 자기인 것처럼 행세하며 살아가는 것이다. 이것이 페르소나(다른 사람 눈에 비치는 자기 모습) 전략이다. 어떤 이들은 평생 페르소나에 갇혀 살아간다. 한 인간으로 태어나 '자기'로 살지 못한다는 것은 불행한 일이다.

자신이 부족하다는 느낌을 감추고 회피한다면 우리가 정말 살고 싶은 삶을 살지 못하게 된다. 나의 진짜 삶이 아닌 '대체된 삶 substitute life'에 갇히게 된다. 이 미몽 상태에서 깨어나야만 비로소 자유로워진다. 그리고 지금 여기에 있는 것, 즉 지금까지 외면하고 우리가 두려워했던 것들을 우리의 몸 안에서 친절한 자각으로 끌어 안을 때 우리는 '나'로 살아갈 수 있다. 자신이 온전한 존재라는 사실을 깨닫지 못하는 한 우리는 진짜 사는 것이 아니다.

아픈 나를 위로하는 명상

그것 때문에 나는 정말 행복하지 않은 걸까

오랜 세월 생존 경쟁을 통해 인간의 뇌는 불안에 반응하게끔 진화했다. 나는 약하고 불안한 존재라는 생각은 스스로를 결점투성이로 보고 자기혐오에 빠트렸다. 스스로에게 비판과 비난을 퍼붓는 것은 그만! 더 잘할 수 있다고 채찍질하는 것도 그만 멈추자. 지금 우리에게 필요한 것은 자기 연민이다. 자기 연민은 무조건적인 받아들임과 사랑이다. 그러나 이것이 방관이나 실패를 의미하는 것은 아니다. 진정한 자기 연민은 내가 문제라고 생각하는 것들을 있는 그대로 받아들임으로써 진정한 삶의 가능성을 찾아가는 길이다.

먼저 호흡을 정리한다. 깊게 천천히 호흡하면서 내쉬는 숨과 함께 모든 것을 내려놓는다. 호흡을 느끼며 지금부터 머릿속에 떠오르는 모든 것들에 마음을 열겠다고 다짐한다. 요즘 나를 힘들게 하는 것들을 중심으로 명상 주제를 선택한다. 기억에서 지워버리고 싶은 일, 꽉 막힌 감정으로 터질 것 같은 일, 과거로 돌아가 해결하고 싶은 사건을 떠올린다. 그것은 불안과 분노로 반응했던 인간관계이거나 스스로 주눅 들어 이용당했다고 느끼는 일일 수도 있다. 소외되거나 자신이 모자라다고 느끼는 부분일 수도 있다. 아니면 몸에 대한 나쁜 기억이나 건강 문제일 수도 있다. 마치 한 편의 영화를 보듯 그 상황을 머릿속에 떠올린다. 그리고 당시 나에게 일어난 반응을 정지된 화면처럼 멈춘다. 그 다음 무슨 일이 일어나는지 관찰하라. 누군가의 대화를 옆에서 엿듣듯이 주의를 기울인다. 그때 나의 얼굴 표정과 행동은 어떠했는지 느껴본다. 어떤 감정을 느끼고 있는지, 내가 무엇을 원하고, 무엇을 두려워하는지 헤아린다.

이것은 내면에 숨어 있던 언젠가의 일을 지금 여기로 불러와 현재화시키는 과정이다. 생각하기도 싫은 그 일을 있는 그대로 내 안에 있을 수 있도록 약간의 공간을 내주는 것이다. 그 다음 부드러운 시선으로 지금 나에게 무슨 일이 일어나는지 살핀다. 그리고 지금 가슴에서 어떤 감정이 일어나는지 느껴본다. 두려움이나 수치심, 혹은 소외감일 수 있다. 조금 더 나아가 그 일로 인해 일어날 수 있는 최악의 상황을 상상해보라. 내가 화났다고 믿는 부분은 무엇인지 관찰한다. 또 앞으로 잘못될 것이라고 믿고 있는 것은 무엇이 있는지, 그리고 그 상황이 당신의 삶에 관해 무엇을 말해주는지 관찰한다.

어쩌면 당신은 이렇게 믿고 있을지도 모른다. '아무도 나를 좋아하지 않아.' '어떤 일도 제대로 해내지 못할 거야.' '내가 하는 일은 용서받지 못할 거야.' '그

일 때문에 나는 행복하지 못할 거야.' '사랑을 받고 행복하려면 지금과 달라야

해.' 이러한 강력한 믿음이 있다면 자신의 몸 어디쯤에서 어떻게 존재하는지 느

껴보라. 그런 생각을 믿는다는 것이 어떤 느낌인지 살펴보라. 그 느낌이 내 몸

에서 어떻게 드러나는지 실제 느껴보라. 얼굴이 찡그려지거나 입술을 깨물 수

도 있다. 나에게 뭔가 잘못된 것이 있다고 느낄 때 나의 얼굴에 어떤 느낌이 드

는지 관찰한다. 그 느낌이 얼마나 오랫동안 당신과 함께 머물고 있었는지, 그것

이 어떻게 당신의 삶을 변화시켰는지 느낄 수 있다. 또 그것이 당신에게서 무

엇을 잃어버리게 했는지도 느껴볼 수 있다.

지금 자신의 가장 약한 부분을 느껴보라. 그것이 당신 안에서 어떻게 움직이는

지 느껴본다. 가슴에 손을 얹은 뒤 그것이 필요로 하는 것은 무엇인지 주의를

기울인다. 그것이 거기 있어도 괜찮다고 아는 것만으로도 충분할 수 있다. 어쩌

면 그것은 부드러움과 용서, 사랑을 필요로 하고 있는지도 모른다. '미안해 그

리고 사랑해'라는 메시지를 보낼 수도 있다. 이때 당신을 사랑하고 돌봐주는 누

군가나 영적인 존재를 떠올리는 것도 좋다. 그 사람의 사랑과 이해가 지금 당

신에게 전달된다고 상상하는 것이다.

그리고 당신 안에서 펼쳐지는 일들을 지속적으로 인식한다. 어떤 일이라도 다

만 있는 그대로 있도록 허용한다. 루미는 말했다. "도망가지 마라. 상처 입은

부위에 눈을 고정시켜라. 빛이 당신 안으로 들어오는 곳이니."

이 명상의 끝은 억압되고 두려운 자기, 상처받은 '나'가 아니라

지금 여기 사랑으로 존재하는 진짜 '나'를 깨닫는 것이다. 그러나 모든 사람이 같은 경험을 하는 것은 아니다. 자신의 경험과 접촉하며 온전히 사랑으로 감싸 안기까지의 시간은 사람마다 다르기 때문이다. 조급해하지 말고 몸과 마음을 편안하게 이완한 채 기다리며 관찰한다. 시간이 흐르면 각자의 속도와 에너지에 따라 진정한 나의 모습이 드러날 것이다. 다만, 나에 대한 사랑과 내 삶에 대한 사랑을 완벽하게 만든다는 것이 어떤 의미인지 늘 염두에 두어야 한다.

나를 용서하고 화해하는 명상

나를 용서하지 않으면 삶은 더 나아갈 수 없다

자기 연민은 과거의 자신을 애도하고, 그렇게 할 수밖에 없었던 자신을 용서하고 사랑으로 받아들이는 과정이다. 자기 용서의 과정은 더 큰 사랑으로 나아가는 문이다. 이 과정을 지나야 내 안의 상처와 미움에서 비롯한 고통에서 벗어날 수 있으며, 다른 존재와 세상을 향해 열린 마음을 가질 수 있다.

몸과 마음이 편안해지는 조용한 공간에서 명상을 시작한다. 먼저 멈춤을 생각한다. 나의 어딘가에 늘 묵직하게 남아 있는 일, 생각하기 싫어 한쪽으로 치워둔 일은 없는지 확인해본다. 그것은 자신에 대한 원망과 자책일지도 모른다. 스스로 용서하지 못하는 어떤 일, 행동, 감정 등을 천천히 떠올려본다.

누군가를 미워하며 해를 끼친 일이기도 하고 숨어서 폭식하거나, 많은 사람 앞에서 불같이 화를 낸 일, 싫다는 말을 하지 못해 억지로 했던 일일 수도 있다. 대부분 수동성과 분노, 잘못된 판단 등에 관한 것이다. 그것을 떠올렸을 때의 느낌은 어떤지, 내 의식 안에서 어떻게 움직이는지 느껴본다.

이제 결코 용서할 수 없는 그 일을 이제는 바꾸고 싶다고, 달라져야겠다고 생각해보라. "좋아, 이것이 용서하지 못하는 나로군." 하고 인정한다. 그리고 이런 부족하고 열등하고 힘없다고 느끼는 '나'에게 애도의 마음과 연민을 품으면 어떻게 될지 느껴보라. 반대로 자신을 용서하지 않고 미움과 자책을 계속 지니고 살아간다면 어떻게 될지 관찰해보라. 이것은 나에 대한 공감을 넘어 인정하고 허용하는 단계다.

나아가 무엇이 이것을 바꾸지 못하도록 방해하는지, 무엇이 내가 생각하는 방식대로 살지 못하게 하는지 살펴보라. 거기에는 자신이 지금과 달라지지 못하도록 방해하는 어떤 강력한 두려움이 있다. 그 두려움의 실체, 그 뿌리를 관찰해보라. 이 뿌리는 자신이 사랑받지 못하고 돌봄을 받지 못한다는 믿음에서 시작된다. 당신 안에서 충족되지 못한 어떤 부분이 당신을 잘못된 행동으로 이끌었다. 이 충족되지 못한 욕구와 그로 인한 상처, 그리고 괜찮지 않다는 느낌을 관찰해본다. 이해하는 마음으로, '아, 그것 때문에 내가 그랬었구나.' 하는 마음으로, 용서할 수 없다고 느끼는 그 일을 다시 살펴본다. 당신보다 더 높은 자리에 있는 누군가의 눈으로, 혹은 사랑하는 부모의 눈으로, 다정한 친구의 눈으로 당신의 내면을 들여다보라.

그 눈길은 당신의 진정한 의도가 무엇인지 알고 있다. 당신의 진정한 의도란 무엇인가? 당신은 자신에게 해를 입히고, 괴로움과 고통을 주고 싶은가? 아니면 보다 자유롭고 평화로운 곳에서 살기 위해 치유를 바라고 있는가? 이제 이해와 사랑이 담긴 메시지를 당신 깊숙한 곳에 흘려 보낸다. "나를 용서하겠습니다. 모든 것을 받아들이겠습니다."

지혜의 눈과 연민의 가슴, 이 두 가지는 당신이 의도한 대로 이끄는 강력한 힘을 가지고 있다. 자신을 용서하지 못하는 상황에 있을 때 당신이란 존재의 현명함이 어떤 메시지와 어떤 이해의 말을 전하는지 귀 기울여보라. 그 말과 메시지가 어떤 영향을 미치는지 살펴보라. 그 지혜와 친절의 마음이 자신의 삶에서 원하지 않는 행동을 품어 안을 수 있다. 그 가능성을 느껴보라.

자신에 대한 자책과 미움으로 고통받는 우리의 모습을 루미는 자기 집에 들어가 자기 물건을 훔치는 도둑으로 표현했다. 우리는 그런 무지 속에 살아가는 어리석은 존재다. 그 어리석음에서 깨어나도록 하는 것이 지혜와 연민이다. 루미의 시다.

나의 집에 몰래 들어가 내 돈을 훔치다니,
또 우리 집 담을 넘어 우리 집 채소를 훔치다니
나는 믿을 수 없을 만큼 단순했거나
술에 취했거나 아니면 제정신이 아니었음에 틀림없다.
그러나 이제는 더 이상 그렇게 하지 않는다.

이제 나는 나의 비밀스러운 자기를 때리고 괴롭히는

그 무지한 주먹으로부터 자유로워졌다.

그동안 나의 비밀스러운 자기를 학대하고 왜곡하던

그 무지한 집착에서 자유로워지리.

우주와 별빛이 나를 통해 들어온다.

나는 축제의 문 위에 떠 있는 초승달.

당신의 생각이
당신의 운명이 된다

4장

해결하지 않아도 될 일을
해결하려는 생각들

어느 날 몹시 지쳐 보이는 개 한 마리가 열린 문 사이로 들어왔다. 목걸이에 인식표는 없었지만 버려진 개는 아닌 것 같았다. 개는 집 안으로 들어와 침대 위에서 잠이 들었다. 내버려 두었더니 한 시간쯤 잠을 자고는 밖으로 나갔다. 그런데 다음 날에도 그 개는 우리 집을 찾아왔다. 이번에는 소파 위에서 한 시간 동안 자고 갔다. 이일은 몇 주 동안 계속되었다. 궁금해진 나는 개 목걸이에 주인에게 보내는 쪽지를 매달았다.

'매일 오후 당신의 개가 우리 집에 낮잠을 자러 옵니다. 나는 팬

찮지만 당신이 이 사실을 알고 있는지 확인하기 위해 메모를 남깁니다.' 다음 날 찾아온 개의 목에는 주인의 답장이 있었다. '이 녀석이 강아지 세 마리 때문에 잠이 부족한가 봅니다. 죄송합니다. 제가 찾아뵙겠습니다.'

어떤가. 개도 휴식을 취하려는 본능을 가지며 직접 행동으로 옮긴다. 하지만 인간은 자신에게 휴식을 쉽게 허락하지 않는다. 잠시도 가만있지 못하고 생각하고 또 생각한다. 마음챙김은 우리 스스로에게 휴식을 선물하고 지금 현재를 일깨워준다. 우리가 겪는 고통의 원인은, 나 자신에 관하여 잘못된, 혹은 제한된 믿음을 갖고 있기 때문이다. 대부분 그 믿음은 외부의 어떤 기준에 맞추는 데서 비롯된다. 나 스스로를 가치 없다고 느끼거나 나의 미래를 불안하다고 여기는 등 내가 믿고 있는 많은 것들은 사회에서 제시하는 어떤 기준에 따른 것이다. 간디는 말했다.

"당신의 신념이 당신의 생각이 된다. 당신의 생각이 당신의 말이 된다. 당신의 말이 당신의 행동이 되며 당신의 행동이 당신의 습관, 당신의 습관이 당신의 성격, 당신의 성격이 당신의 운명이 된다."

이것은 부처가 말한 '연기緣起의 고리'와 통한다. 지금 이 순간이 바로 다음 일어날 일의 원인이 된다는 뜻이다. 우리가 불안하고 불쾌한 생각을 가진다면 그 생각은 감정을 일으킨다. 감정은 행동을 일으키고 행동은 상황을 악화시키며 결국 처음에 가졌던 불안하고 불쾌한 생각이 맞았다고 생각한다. 이 사이클은 계속 반복된다. 그리고 우리는 그것을 '운명'이라고 부른다. 우리의 생각과 신념, 믿음은 계속해서 죽을 때까지 나의 삶을 지배하고 영향을 미친다.

운명과 맞서기 위해 가장 먼저 할 일은 무엇인가. 바로 우리의 머릿속을 떠나지 않는 생각과 신념을 점검해보는 것이다. 사람들이 '마음챙김 수련회'에 와서 깨닫는 것 중 하나가 "나의 생각을 반드시 믿어야 할 필요가 없다."는 것이다. 공교롭게도, 우리가 자신이 어떤 생각을 하고 있는지 자각하는 시간이 많을수록 우리는 자신의 생각에 반드시 굴복하지 않아도 좋다는 것을 알게 된다. "너의 생각을 믿지 마라." 세상에서 가장 훌륭한 가르침 중 하나다.

도대체 생각이 무엇인가. 생각이란 녀석은 우리 머릿속에서 단지 일어났다 사라졌다 할 뿐이다. 생각은 어떤 이미지, 우리의 뇌를 통하여 지나가는 이야기다. 어떤 생각은 매우 건전하고 창의적이다. 사랑하는 사람과의 관계를 지지해주고 서로에 대한 이해를 지원해준다. 또 창의성을 높여주고 성숙한 영혼에 영양분이 된다. 생각은 우리에게 꼭 필요하며 또 위대하다.

하지만 어떤 생각은 나를 지독하게 괴롭힌다. 누군가는 자기 전에 아이스크림을 먹었다면 밤새 왜 먹었을까, 왜 참지 못했을까, 라는 생각에 빠져 제대로 잠을 잘 수 없을 것이다. 생각은 우리에게 '익숙한 고치(보호막)'가 되기도 한다. 우리는 그 익숙한 보호막 속에 들어가 실제 세상보다 훨씬 작은 세상을 스스로 계속해서 만들어내며 살아간다. 심각하게 왜곡된 망상에 젖게 하여 고통을 일으키기도 한다.

미시간의 한 부부가 플로리다로 휴가를 가기로 했다. 부인의 일정이 늦어져 남편이 먼저 예약한 호텔로 출발했다. 하루 일찍 도착한 남편은 호텔방에서 아내에게 이메일을 보냈다. 그런데 실수로 메일 주소 철자 하나를 빠트리는 바람에 휴스턴에 사는 어떤 여성이 그 메일을 열어보았다. 공교롭게도 그 여인은 남편의 장례식을 마치고 집으로 막 돌아왔는데 메일을 열어보고는 기절하고 말았다. 남편이 보낸 메일로 착각한 그 메일 내용은 이랬다.

수신: 사랑하는 아내에게

제목: 나는 벌써 도착했다오.

내 소식을 듣게 되어 무척 놀랐을 줄 아오. 여기도 컴퓨터가 있어 사랑하는 사람에게 이렇게 이메일을 보낼 수 있구려. 나는 방금 도착해 체크인을 했다오. 이곳은 내일 당신의 도착에 대한 만반의 준비가 되어 있다오. 내일 당신을 보기 바라오. 당신의 여행이 나처럼 무사하기를 바라겠소.

종종 수련생들에게 이 이야기를 들려주곤 하는데 모두들 웃음을 터뜨린다. 이처럼 생각이란 녀석은 때로 우리를 완전히 엉뚱한 곳으로 이끌기도 하고, 또 합리적이지 못한 상상을 하게 만든다. 우리의 의도와는 전혀 다르게 피해를 주는 것이다.

가만히 살펴보면 우리가 생각하는 흐름은 습관적으로 반복된다. 가장 익숙한 흐름은 어떻게 하면 더 편안해질까, 또 어떻게 하면 우리 앞에 있는 곤란을 피할까에 관한 것이다. 우리는 끊임없이 이리저리 재면서 문제를 해결하려고 한다. 해결해야만 직성이 풀린다. 아침 식사를 하면서 점심 메뉴를 생각한다. 사실 어떤 면에서는 해결이 필요하지 않은 것까지도 해결하려고 한다. 단지 해결하지 않은 채로 놓아두어도 좋은 것 혹은 시간이 흐르면 좋아질 것을 굳이 해결하려고 한다.

생각을 떠오르게 두지 말고
생각하는 기술을 배우라

부처는 "생각이 마음의 화신化身이 된다."고 했다. 생각이 곧 마음을 지배하고 그의 전부가 된다는 뜻이다. 당연한 말처럼 들리지만 사실 이 말은 매우 심오하다. 즉 우리가 무엇을 생각하든, 그것은 마음을 지배하고 그로 인해 행동이 일어나며 어떤 경험이 만들어진다. 그 경험은 삶을 변화시킬 만큼 강력하다. 평소 익숙한 생각들, 반복적인 생각들이 무서운 이유다. 지금 이 순간 떠오르는 생각들이 내 삶을 확 바꿀 수 있는 것이다.

생각의 물줄기를 건강한 쪽으로 흐르게 하기 위해서는 우리의 생각 시스템을 변화시켜야 한다. 그 첫 단추가 바로 '생각의 멈춤'이다. 생각은 일종의 가상현실이다. 가상현실에서 깨어나는 방법은 보통 3단계 과정을 거친다.

첫 번째는 자신의 생각을 자각하는 것이다. 내 머릿속의 생각이 건강한지, 건강하지 못한지 살펴보는 것이다. 건강한 생각이라면 따르고, 건강하지 못하다면 밀어내도록 한다. 오랜 연습이 필요한 과정이다. 내 생각의 질이 어떤지 인식한 다음에는 생각과 생각 사이에 공간을 두는 느낌으로 잠시 멈춘다. 그 멈춤의 공간에 선택의 자유가 있다.

가상현실에서 깨어나는 두 번째 단계는 '지금 여기'라는 닻을 내리는 것이다. 닻은 나의 생각이 '지금 여기'에서 벗어나 괴로움을 일으킬 때 다시 현재를 일깨우는 역할을 한다. 자, 여기서 잠깐 짧은 명상을 해보자. 먼저 눈을 감아보라. 숨을 몇 번 크게 들이쉰다. 그 다음 '곤경'이라는 단어를 마음에 떠올려보라. 다른 것이 떠오르더라도 '곤경'이라고 몇 번 말해보라. 다시 한 번 깊이 심호흡하고 앉아 있는 자신을 느끼면서 마음으로 '친절, 친절, 친절'이라고 속삭여보라. 자신의 몸과 마음에서 이 단어와 함께 무엇이 일어나는지 가만히 느껴보라. 그리고 무엇이 자유를 일으키는지 느껴보라.

이 명상을 자주 반복하면 자연스럽게 명상 장면을 상상하는 것만으로 나의 생각을 점검해볼 수 있다. 닻을 내려 배를 정박시키듯, 명상 장면을 닻으로 삼아 내 생각을 내려놓는 것이다. '아, 내가 지금 생각에 빠져 있군. 지금 무슨 생각을 하고 있지?' 이렇듯 생각을 내려놓고 잠시 멈춰 생각을 살펴봄으로써 우리는 '지금 여기에 존재하는 능력'을 기를 수 있다. 가상현실이 아니라 지금 이 순간을 살 수 있게 된다.

아잔 수메도와 '내려놓기letting go 수련'에 대해 이야기한 적이 있다. 그는 불교 수행자들이 아비담마(불교심리철학)를 공부하고 빨리어와 산스크리트어를 배우고 마하상기카(대중부 불교), 반야바라밀을 닦아 소승, 대승, 금강승 계를 받으려 하는 등 공부에 쫓기지만 그보다 중요한 것은 지금 여기에 '내려놓음'이라고 했다. 그 자신의 경험이기도 했다. 그는 말했다. "어떤 일을 악착같이 해결하려고 안달할 때마다 나는 단지 '내려놓기, 내려놓기'라고 말했습니다. 그러자 서두르는 욕망이 사라졌습니다. 이루지 못해 괴로운 감정에서 벗어났습니다. 그래서 더욱 진실하게 더 깊이 불교에 다가갈 수 있었습니다."

생각을 다루는 세 번째 단계는 자신의 신념과 믿음에 대한 진지한 탐구다. 이 단계가 가장 중요하다. 신념은 내 생각의 중심이며 지금 나의 현실에 절대적인 영향을 미친다. 우리의 신념이나 믿음을 제대로 살펴보지 않으면 생각은 원하지 않는, 잘못된 방향으로 흘러간다. 여기서 중요한 점은 나의 신념을 파악하기 전, '나는 나 자신을 모른다.'는 가정을 세워야 한다. 그래야 정확하고 정직하게 신념을 파악할 수 있다.

명상 연습에 참여했던 40대 여성은 인간관계로 몹시 힘들어하고 있었다. 누구와도 지속적으로 관계를 맺지 못한 그녀는 '나는 절대로 친구를 사귈 수 없을 거야.'라고 생각했다. 그 속에는 '누군가와 가까워지더라도 나에 대해 알면 나와 함께 있기를 원하지 않을 거야.'라는 믿음이 있었다.

그녀의 믿음을 확인한 뒤 나는 물었다. "당신이 사랑받지 못할 존재라는 사실을 생각하면 어떤 느낌이 드나요?" 잠시 마음을 진정시킨 그녀는 이렇게 말했다. "텅 빈 가슴속에 바람이 막 부는 것 같아요. 아주 무거운 무언가가 어깨를 짓눌러요." 그것은 두려움, 외로움 그리고 우울함이었다. 나는 또 물었다. 그녀 자신이 스스로를 무가치한 존재라고 믿을 때 일상에 어떤 영향을 미치는지 말해달라고 했다. "글쎄요. 내 자신이 너무 부자연스럽게 느껴져요. 내가 아닌 것 같아요. 사람들과 함께 있을 때도 어색하고 무안하고 도저히 그 자리에 있을 수가 없어요." 나는 마지막 질문을 던졌다. "만약 당신이 사랑받지 못하는 존재라는 사실을 당신이 믿지 않는다면, 당신을 좋아해줄 사람이 없다는 사실을 거부한다면 당신의 행동은 어떻게 달라질까요?" 그러자 그녀가 머뭇거리며 대답했다. "……잘 모르겠어요. 하지만 그 사람들이 예전처럼 그렇게 신경 쓰이지는 않을 거 같아요."

처음에 "잘 모르겠다."고 답한 그녀의 말이 이 대화의 핵심이다. 그녀는 '자신은 사랑받지 못하는 존재'라는 믿음이 진실이 아닐지도 모른다고 생각하기 시작한 것이다. 그 뒤 나는 그녀에게 '사람들이 나를 싫어할 거야.' '나를 좋아해줄 사람은 없어.' '나는 혼자 있는 게 편해.' 등과 같은 생각이 일어날 때마다 '이 생각이 정말 사실일까?'라고 스스로에게 질문하도록 했다. 물론 단박에 사실이 아니라는 깨달음으로 이어지지 않았다. 그녀는 한동안 '모르겠어!'만을 반복했다. 그러나 모르겠다고 인정하는 것만으로도 그녀의 마음에 공간이 생겼다. 그 공간은 그녀에게 더 큰 실재를 알아볼 수 있는 기회를 남겼다. 이것은 불행해질 그녀의 운명에 브레이크를 거는 것이라고 할 수 있다.

그녀는 계속해서 '내 생각이 진실일까?'라는 질문을 던지며 그 생각이 진실이라고 믿었을 때 자신이 느꼈던 두려움과 외로움을 떠올렸다. 하지만 더 이상 위축당하지 않고 있는 그대로 자기 자신을 바라보았다. 그녀는 더 이상 진실이 아닌 것을 진실로 믿으면서 생기는 온갖 감정에 휘말리지 않았다. 그리고 '내가 사랑받지 못할 존재라는 믿음을 버린다면 어떻게 될까?'라는 질문을 반복해서 던지는 동안 새로운 믿음이 생겨났다. 이것은 '사랑받고 싶다.'는 욕망이 이뤄질 거라는 결과가 아니다. 잘못된 믿음을 버림으로써 그녀의 의지대로 자연스럽게 삶을 살게 되었다는 뜻이다. '내가 만나는 모든 사람에게 꼭 사랑받을 필요는 없어. 오! 나에게는 더 큰 삶, 더 큰 자유가 있어! 자연스러운 삶이 있어.'라고 느끼게 된 것이다.

제한된 신념과 잘못된 믿음은 비극의 씨앗이다. 그것은 우리 삶의 매 순간을 언제나 감싸고 있는 창조성과 가능성을 앗아 가 버린다. 삶의 모든 순간이 아름답고 재미있고 즐겁고 창조적으로 펼쳐질 수 있는데 잘못된 믿음이 그 가능성을 단단히 막아버리는 것이다. '내가 생각하는 것이 진실인가?'라는 질문을 스스로에게 던지는 것만으로도 우리 삶은 지금과 다른 방향으로 접어들 수 있다.

내가 떠나지 않는 한
트라우마는 계속된다

트라우마trauma는 의학 용어로 정신적 외상을 일컫는다. 천재지변, 사고, 범죄 피해 등으로 심한 충격을 겪은 뒤 생기는 트라우마는 우리의 몸과 마음에 지속적인 고통을 일으킨다. 미국의 경우 전체 성인의 50퍼센트 이상이 트라우마를 가지고 있다. 미국의학협회 조사에 따르면 기혼 여성의 30퍼센트 이상이 배우자에게서 폭력을 당한 경험이 있다고 답했다. 또 약 1억 명의 미국인이 아동기에 성적 학대나 신체적 학대를 당했다고 추정한다. 이 밖에도 끔찍한 폭력을 목격했거나 각종 사고와 같은 예기치 않은 일로 상처받은 사람은 셀 수 없이 많다. 우리 일상이 곧 트라우마의 연속이다. 거리의 인파들은 마치 트라우마의 행렬을 보는 듯하다. 어쩌면 트라우마는 우리가 살아있음을 나타내는 또 다른 말일지도 모른다.

물론 모든 트라우마가 외상 후 스트레스 장애(PTSD, 트라우마로 생긴 강력한 에너지가 적절히 해소되지 못하고 반복적으로 괴로움을 유발시키는 장애)로 발전하지 않는다. 똑같은 트라우마를 겪어도 어떤 사람들은 유전적 기질이나 자신이 처한 특정한 상황, 제때 도움을 받는다거나 하여 적절하게 트라우마를 해소한다. 그렇지 못하는 경우가 문제다.

피터 르바인은 트라우마에 관한 획기적인 연구로 널리 알려져 있다. 그는 인간과는 달리 동물이 PTSD에 걸리지 않는 이유, 트라우마를 처리하는 그들만의 방식을 연구했다. 그는 초원에서 사자에게 쫓기다가 겨우 도망친 가젤이 아무렇지도 않게 같은 자리에서 풀을 뜯는다는 이야기를 들려주었다. 만약 가젤이 사자에게 죽을 뻔한 무시무시한 기억을 계속 가지고 있다면 초원에서 한가롭게 살아갈 수 없을 것이다. 가젤은 살아남은 순간 죽을 뻔한 트라우마를 이미 떨쳐내 버렸다. 모든 동물이 비슷하다. 그들의 뇌는 생존을 위해 트라우마를 떨쳐내도록 프로그래밍되어 있다.

인간만이 트라우마를 건강한 방식으로 소화하지 못한다. 오히려 인간은 똑같은 장면을 반복 상상하면서 과거의 트라우마를 재생시킨다. 바로 '싸움-도망 반응'이다. 더 큰 위험이 닥칠 것이라고 예상하면서 그 충격을 최소화시키려는 하나의 방어 전략인 셈이다. 또 우리 몸의 시스템은 고도의 역경과 위험, 각성에 적응한 뒤 스스로 그 짐을 덜기 위해 강박적 사고와 중독 행동에 빠진다. 이것은 일정 기간 효과를 발휘하기도 하지만 장기적으로 나쁜 영향을 미친다. 트라우마에서 벗어나지 못하는 한 우리는 두려움에 사로잡히는 것과 두려움으로부터 멀어지려는 것 사이를 시계추처럼 왔다 갔다 할 뿐이다. 만성적인 불안에 시달리는 것이다.

어떤 이들은 이러한 불안을 은폐시키려 한다. 보통 타인과 자신을 공격하면서 트라우마에 대한 분노를 폭발시키는 형태로 나타난다. 어느 어머니가 밤길을 가야 하는 아이에게 말했다. "무서운 귀신을 만나거든 덤벼라. 그러면 도망갈 것이다." 그러자 아이가 물었다. "귀신의 어머니도 자기 아들에게 그렇게 하라고 하면 어떻게 되죠?" 시인 루미가 들려준 이야기다. 무서움을 없애려고 무서움과 싸우려 하지만, 결국 아무런 도움이 안 된다는 뜻이다.

방어적이거나 적대시하기 혹은 은폐, 분노 폭발 등 온갖 방법으로도 트라우마는 없앨 수 없다. 그것은 허우적거릴수록 더 깊이 빠져드는 늪과 같다. 나는 트라우마를 '현재 지금 이 순간'과 차단된 것으로 이해한다. 트라우마는 과거의 기억이기 때문이다. 트라우마 이전에 우리는 분명히 안전하고 편안했던 경험과 기억을 가지고 있다. 그리고 지금 이 순간에 느끼는 새로운 경험도 있다. 그럼에도 우리는 왜 트라우마라는 과거의 기억 속에서만 살려는 것일까. 그것은 두려움 때문이다. 두려움에 갇혀 있는 한 트라우마, 즉 과거의 시간을 되새김질한다. 트라우마의 치유는 두려움을 해소하는 데 있다. 트라우마를 겪을 당시의 두려움, 무기력함, 불안감 등을 지금 이 순간의 안전함으로 다시 경험하도록 하는 것이다. 그로 인하여 나 자신을 과거가 아니라 지금 현재의 안전한 시간으로 돌아올 수 있도록 하는 것이다.

불행은 그냥
일어난 일일 뿐이다

마음챙김을 하면서 두려움을 다룰 때 나는 "단지 그것을 받아들이세요. 그쪽으로 몸을 기울이세요. 그것에 마음을 여세요. 나의 손님으로 기꺼이 맞아들이세요."라고 말한다. 그러나 트라우마로 인한 두려움은 예외다. 만약 수련자가 두려움을 함께할 수 있는 능력이나 도구, 자원을 충분히 계발하지 못한 상태라면 트라우마를 확인하고 더 큰 두려움을 느낄 수 있기 때문이다. 내면의 심각한 상처, 즉 트라우마는 두려움으로만 표현되는 것은 아니다. 분노, 자책, 슬픔, 노여움, 질투 등 사람마다 매우 다양하다. 트라우마에 접촉할 때는 이 모든 정서적인 감정을 포용하여 담아낼 수 있는 커다란 그릇이 있어야만 하는 것이다. 그래야 두려움이 내 안의 어디에 살고 있는지, 그럼에도 불구하고 충분히 안전하다고 느낄 수 있을 것인지 살펴볼 수 있다.

트라우마를 극복한 다이앤의 이야기를 들어보자. 일곱 살 때 그녀는 술에 취한 아버지로부터 폭행을 당하고 옷장에 숨었다. 좁고 어두운 공간 속에서 어린 소녀는 기도했다. "도와주세요. 도와주세요." 한참 뒤 눈을 뜨자 파란빛으로 둘러싸인 요정이 어른거렸다. 다이앤은 요정에게 아버지가 자기를 때렸다는 것, 그리고 엄마는 바라만 보았다는 것, 아마도 엄마 아빠는 자신이 죽기를 바라는 것 같다고 말했다. 요정은 눈물을 글썽거리며 다이앤의 고통을 모두 사라지게 해주겠다고 약속했다. "다이앤, 내가 네 몸에 어떤 에너지를 보낼 거야. 이 에너지는 힘이 세서 너를 언제나 꽉 붙잡아줄 거야. 네가 느꼈던 상처와 두려움을 더 이상 느끼지 않도록 보호막이 되어줄 거야. 너의 가슴이 부서지지 않도록 방패가 되어줄 거야."

다이앤은 조금 안심이 되었다. 요정은 계속 말했다. "앞으로 너는 사람들과 가까워지는 것이 어렵게 느껴질지 몰라. 하지만 네가 살아남기 위한 방어일 뿐이야. 고통이 솟더라도 그것을 통제할 수 있는 너만의 방법을 찾게 될 거야. 세상 사람들의 눈에 좋아 보이지 않을지 모르지만 너에게는 일시적으로 위안이 되는 방법이지. 사랑하는 다이앤, 그럼에도 불구하고 너는 지극히 정상적인 사람이란다. 너는 강인한 의지를 갖고 있고 이 모든 것을 품어 안을 수 있어. 또 내가 이렇게 도와주고 있잖니?"

어린 다이앤은 요정의 눈을 바라보며 물었다. "어떻게 네가 나를 도울 수 있지?" 요정이 계속 말했다. "앞으로 너는 모든 걸 잊을 수는 없을 거야. 그래서 나는 온전한 너 자신을 연결해줄 내면의 목소리를 남겨놓을 거야. 오랜 시간이 걸릴지도 모르지만 온전한 네 자신이 차츰 너를 가둬놓는 믿음에서 벗어나게 해줄 거야. 오랫동안 너를 꽉 붙잡고 있던 것들을 풀어주는 것이지. 너는 또 지금 여기 현재를 살아가는 법을 알게 될 거야. 네가 옛날 기억에 마음을 열면 처음엔 아마도 몸과 마음이 고통스러울 거야. 그러나 네가 가진 연민과 지혜 그리고 너에게 도움을 주는 타인들이 있다는 것을 기억하렴. 그 다정한 손길이 너의 상처들을 돌볼 거란다. 그러면 너는 과거와 동일한 사람이면서도 또 영적으로 깨어있는 사람으로 변화될 거야."

착한 요정은 어린 다이앤을 안아 올려 침대에 눕혔다. 그리고 다이앤이 잠들 때까지 지팡이를 흔들었다. 다이앤이 잠들자 요정은 "안녕!"이라고 속삭이며 중얼거렸다.

"다이앤, 너는 아름다운 아이야. 너를 사랑해. 그리고 아마 네 부모님도 너를 사랑하고 계실 거야. 비록 그분들이 그 사실을 네게 보여주지는 못해도 말이야. 너는 자신을 사랑해야 해. 나중에 커서 네삶이 강하고 충만하며 자유로울 수 있도록 말이야. 언젠가는 네가 진정으로 누구인지 알게 될 거야. 너의 선함을 믿게 될 거야. 네가 혼자가 아니라는 걸 알게 될 거야. 그때까지 그리고 언제까지나 나는 너를 사랑할 거야."

다이앤은 자신이 꿈처럼 겪은 요정 이야기를 통해 트라우마에서 벗어났다. 다이앤 자신만의 트라우마 치유 방식이었다. 명상 수업에서 다이앤의 이야기를 들은 많은 사람들은 트라우마를 치유하는 자신만의 방법을 스스로 비난할 필요가 없음을 깨달았다. 그것은 자신의 삶이 올바르게 움직이도록 노력하는 내면의 선한 에너지였기 때문이다.

자기만의 방식으로 트라우마를 다루는 것을 누구도 비난해서는 안 된다. 분노하거나 술을 마시고, 우울감에 젖어 있는 등 잘못된 도피처에 의지하여 트라우마를 다루는 것 또한 절대 자기 잘못이 아니다. 자기 잘못이라고 생각하면 2차적 수치심에 더 깊은 상처를 입게 되므로 조심해야 한다. 중요한 것은 우리 안의 선한 에너지를 깨닫고 이끌어내려는 노력이다.

다이앤이 상상해낸 요정은 "네 잘못이 아니야."라고 끊임없이 그녀의 귀에 속삭였다. 그리고 "이것 보렴. 너에게 일어난 불행은 그냥 일어난 일일 뿐이야. 그러니 잊고 지나갈 수 있단다."라고 말해주었다. 다이앤은 착한 요정에게 기대어 과거의 상처를 지금 이 순간에 계속 열어 보이면서 자유로워질 수 있었다. 트라우마로 힘들 때마다 요정을 불러내어 스스로를 어루만지며, 괜찮다고, 안심해도 된다고 배려하고 돌보도록 한 것이다.

착한 요정은 누구일까? 요정은 결국 다이앤의 가슴에 살아있는 온전한 자신이었다.

하루 종일 내가 지어낸
이야기 속에서 살다

우리는 누구나 미래와 과거에 대한 이야기와 판단, 생각 속에서 살아간다. 머릿속에서는 내면의 대화가 잠시도 쉬지 않고 이어진다. 무엇이 잘못될 수 있고 무엇을 해야 하는지, 누가 비난받아야 하고 이전에 무슨 일이 일어났는지 우리 스스로에게 이야기함으로써 앞으로 겪게 될 일들을 통제하려 한다.

흥미로운 것은, 우리가 만들어낸 이야기와 이미지, 익숙한 장면을 자세히 살펴보면 영화 보기, 즉 재현된 삶이라는 것이다. 결과가 바뀔 수 없음에도 계속해서 곱씹는 후회, 아직 일어나지 않은 일에 대한 상상, 두려움, 경계 등. 그런데 우리는 그 영화를 사실이라고 믿거나 내 삶과 동일시한다. 그것은 일종의 감옥이 되어 우리를 걱정과 불안, 고통에 빠트린다. 어느 어머니가 자신의 아들에게 전보를 보냈다. 전보에는 이렇게 적혀 있었다. "아들아, 이제부터 걱정을 시작하거라. 걱정의 내용은 곧 보내주마."

이 어머니는 아직 혹은 영원히 일어나지 않을지도 모를 일을 미리 걱정하는 우리 자신이다. 어떤 이들은 현명한 생각으로 미래를 예측하고 문제를 해결할 수 있다고도 한다. 그러나 지금 우리를 힘들게 하는 괴로움에서 벗어나게 하지는 못한다. 우리가 이야기를 지어내고 있다는 것을 자각하고, 지금 이 순간을 살아감으로써 우리는 삶의 고통에서 자유로워질 수 있다.

지금 나의 삶을 친밀하게 돌보는 연습이 바로 '명상'이다. 친밀해진다는 것은 머릿속으로 그려내는 생각에서 깨어 실재의 삶 속으로 들어감을 의미한다. 물론 생각을 하지 말라는 것은 아니다. 생각은 매우 중요하고 또 필요하다. 그러나 떠오르는 생각을 그야말로 생각 없이 좇다 보면 우리 머릿속엔 여지없이 영사기가 돌아가기 시작한다.

우리는 생각이라는 내면의 이야기 너머로 마음을 열어, 지금 여기 실재하는 흐름 속으로 직접 들어가는 능력을 가지고 있다. 그 능력을 발휘하는 것은 간단하다. "지금 나의 주의가 필요한 것은 무엇이지?"라는 질문을 스스로에게 던지는 것이다. 이는 "지금 떠오른 생각이 진실인가?"와 같은 질문으로, 지금 우리의 몸과 가슴에서 실제로 일어나는 일과 연결시킨다. 단지 현재를 인지하기 위한 것만은 아니다. 우리 몸이 가진 지혜에 주의를 기울이고 그것에 좀 더 수용적으로 귀 기울일 것을 나 자신에게 요청하는 질문이다.

때로는 이런 질문을 던진 뒤에도 아무런 특별한 일이 일어나지 않기도 한다. 이때는 우리가 자연스럽고 평화롭다는 뜻이다. 그러나 어느 때는 머릿속 영화에서 깨어나려면 몹시 불안해지거나 부정하는 느낌이 일어난다. 평소 습관적으로 피해왔던 '무엇'이 건드려졌기 때문이다. 이때야말로 주의 깊게 다가가야 한다. 습관적으로 배척하던 것에 대해 인내하고 그 불편감을 받아들여야만 한다.

오랫동안 남편의 폭력에 시달리던 여인이 있다. 어느 날 남편이 교통사고를 당하면서 남편의 간병은 그녀의 몫이 되었다. 남편의 병세가 심각해지자 그녀는 몹시 괴로웠다. 남편의 사고가 평소 남편에게 퍼부은 저주 때문인 것 같았다. 또 아픈 남편이 불쌍하게 여겨지다가도 한 번씩 울컥 미움이 솟으면 그런 자신이 나쁜 사람처럼 여겨졌다. 이대로 남편이 죽는다면 어떻게 할까, 그녀는 하루에도 몇 번씩 생각에 잠겨 우울한 나날을 보냈다.

그녀는 하루 내내 자신이 지어낸 이야기 속에서 살고 있었다. 현실과 상상을 구분하면, '남편이 사고를 당했다. 남편에 대한 미움은 여전하다. 하지만 남편이 불쌍하다.' 정도다. '남편의 사고가 내 책임이다. 남편이 죽을까 봐 두렵다.'는 그녀가 지어낸 이야기다. 이렇게 구분해보면 그녀가 지금 어디에 있어야 하는지가 좀 더 분명해진다. 아픈 남편, 그리고 남편에 대한 미움과 미안함이 뒤섞여 힘들어하는 자신을 스스로 가엾게 여기며 지금, 당장 할 수 있는 만큼만 베풀어보겠다고 생각하는 것이다.

틱낫한 스님은 나에게 일어나는 모든 일에 반쯤 미소 짓고 있는 부처를 떠올려보라고 한다. 이것은 지금 일어나는 어떤 현상에 대해서도 자애롭고 부드럽게 관계를 맺는 방법이다. 내 잘못이라고, 내가 못났기 때문이라고 더 이상 자책하지 말고 그런 나를 용서하면 나의 진정한 본성을 들여다볼 수 있는 믿음이 생긴다.

생각의 필터를 점검하는 명상

/

나에게 해가 되는 믿음을 구별하라

인간의 뇌 속에 들어오는 정보들은 '생각'이라는 필터에 의해 왜곡되고 착각, 망상, 오해로 변질되기 일쑤다. 가령, 우리는 믿음으로 모든 것을 이룰 수 있다고 믿는다. 그런데 잘못된 믿음이라면 어떻게 될까. 잘못된 믿음이 만들어내는 나쁜 결과를 우리는 아주 잘 알고 있다. 다음은 스스로 인식하지 못하는 생각의 필터를 점검하는 명상이다.

자신이 지금 여기에 있다는 것을 느껴보라. 호흡을 편안하게 놓아두고 주의를 모은다. 그리고 지난 삶에서 당신이 자각하고 있는 막힌 부분을 천천히 느껴보라. 그것은 특정한 사람과의 관계일 수도 있고 일상에서 뭔가 결여되어 있는 부분일 수도 있다. 일이나 건강과 관련하여 내가 보인 반응과 그에 따른 괴로움일 수도 있다. 이것은 당신의 삶에 괴로움과 분노, 실망감을 일으키고 있다.

그와 같은 감정들을 지금 이 자리로 불러왔다면, 이제 자신에게 질문을 던져보라. '내가 믿고 있는 것은 무엇이지?' '나 자신과 미래, 지금 상황에 대해 나는 어떻게 생각하고 있지?' 그 답을 통해 당신은 자신이 근본적으로 부족하다고 느끼거나 사랑받지 못할 존재라는 믿음을 갖고 있음을 발견할 것이다. 또 앞으로의 상황이 어떻게 전개되리라는 예측도 그 믿음 안에서 이루어짐을 확인할 수 있을 것이다. 즉 '나는 결국 실패하고 말 거야.' '나를 사랑해주는 사람은 못 만날 거야.' '나는 끝까지 그 일을 해낼 수 없어.' 등의 생각들. (우리에게 너무나도 익숙한 말이다.) 또 더 나아가 다른 사람이 나를 어떻게 볼 것이라는 판단의 기준도 이 믿음 안에서 움직인다. '이런 나를 누가 좋아하겠어.'라는 믿음에 다른 사람들도 동의할 것이라고 단정 짓는 것이다.

자신이 갖고 있는 믿음을 확인했다면 '아, 나는 이런 생각을 하고 있구나.' 하고 다만 그것을 있는 그대로 자각하라. 그리고 스스로에게 이렇게 질문하라. '그런데 그 생각이 정말 맞을까? 그것을 사실이라고 확신할 수 있는가?'

여기에서 당신은 그 답을 제대로 살펴보겠다는 의지를 다져야 한다. 그것이 불편하다면, 이 믿음을 계속 가지고 살면 어떻게 될지를 살펴보라. 이 믿음들이 내 삶의 방식에 어떤 영향을 미칠 것인가 생각해보라. 당신이 이 믿음으로 생활하고 사람들을 만난다면 당신의 몸에서 어떤 반응이 일어나는지 떠올려보라. 그리고 이 믿음으로 타인을 대할 때 상대가 나에게 어떻게 행동할지에 대해서도 상상해보라. 그 믿음들이 당신의 삶을 협소하게 만드는가? 타인과의 관계를 악화시키는가? 당신을 소심하고 화가 많은 사람으로 만드는가? 반대로 이 믿음을 버린다면 내 삶은 어떻게 달라질지 머릿속으로 그려보라. '내가 그것을 믿지 않는다면 나는 어떤 사람이 될까?'

우리는 완벽한 자신을 상상하며 끊임없이 과거를 자책하고 미래를 불안해한다. '그때 나는 그러지 말아야 했어.' '앞으로도 나는 잘 할 수 없을 거야.'와 같은 생각들을 보라. 완벽해지기 위한 그 무엇도 행복으로 가는 길이 아니다. 그것은 괴로움일 뿐이다. 현재를 살라. '지금'이야말로 우리가 갖고 있는 유일한 시간이다. 나의 진정한 본성의 빛에 따라 살 수 있는 유일한 순간이 바로 지금이다. 당신 스스로 지어낸 이야기를 계속해서 믿지 말기 바란다. 언제나 오늘이 내가 깨어나는 날임을 잊지 마라.

내 마음이 쉬는
의자를 마련하라

5장

내 가슴에는 온갖 일을
일러바치고 싶은 존재가 산다

언젠가 영국의 한 단체에서 영국 땅의 고요한 곳을 찾아내 지도로 만들었다는 기사를 보았다. 일부러 고요한 곳을 찾아내야 할 만큼 세상은 복잡해지고 시끄러워졌다. 사람들은 본능적으로 고요한 곳을 찾는다. 인적 없는 바닷가와 숲속, 한적한 오솔길 등, 머릿속이 복잡하고 마음이 지칠 때 사람들이 찾는 곳이다. 고요한 장소는 도피처다. 고요한 장소에 대한 본능적인 끌림은 아무것도 잃을 게 없는 그곳에서 안전과 평화를 느끼기 때문이다.

우리 가슴속에도 고요한 도피처가 있다. 정기적으로 명상을 하는 사람들 중엔 '명상이 나의 도피처'라고 말하기도 한다. 이곳은 우리가 조금만 관심을 기울이면 쉽게 도착할 수 있다. 언제라도 가능하다. 화가 폭발하는 순간, 우울감으로 온몸이 가라앉는 순간, 어떤 불안감에 심장이 쿵쾅거리는 순간에도 마음만 먹으면 출발할 수 있다.

나는 수련생들에게 여행을 다녀오는 기분으로, 스스로 신성하다고 느끼는 공간에 자신을 데려가라고 말한다. 누군가는 넓은 바다를 떠올린다. 하얀 눈으로 뒤덮인 산 정상, 잔물결이 일렁거리는 호수를 상상하기도 한다. 평화롭고 고즈넉한 성당, 어릴 적 몰래 고요함을 즐기던 비밀의 장소, 정적으로 가득한 자동차 안 등. 어떤 곳이든 마음이 편안해지고 아름다움을 생생하게 느낄 수 있으면 된다.

여행에 믿을 수 있는 동행자가 있으면 더욱 좋다. 절대적인 사랑의 존재, 나를 아무 조건 없이 사랑해줄 존재를 초대하는 것이다. 부처와 예수, 성모와 같은 영적인 존재, 나를 전적으로 믿어주는 부모님, 지혜로운 멘토들이 동행자가 될 수 있다. 어떤 이는 어릴 적에 꼭 껴안고 자던 강아지나 곰 인형을 떠올리기도 한다. '혼자'가 아니라는, 소속감을 느끼게 하는 존재들이다. 이것은 그들이 나에게 베풀었던 사랑과 돌봄, 친절을 기억하기 위한 것이다. 나에게는 그런 좋은 존재가 없노라고 딱 잡아떼는 이들도 있다. 그러나 인식하지 못하지만, 우리는 누군가의 베풂으로 생명을 이어왔다. 어떤 생명이든 절대 홀로 존재할 수 없다. 그것을 인지한다면 그들에게 의지할 마음을 낼 수 있을 것이다.

나를 무조건 환영하는 존재의 품 안에서 우리는 사랑의 감각을 일깨우며 나의 상처와 트라우마를 직접 돌볼 수 있다. 내가 무엇을 치유해야 하는지, 나의 내면에서 가장 좋지 않은 부분, 피하고 싶었던 부분과 접촉할 용기를 갖게 된다. 어릴 때 밖에서 억울한 일을 당하면 쏜살같이 엄마에게 달려가 일러바쳤다. 울면서 이야기하는 동안 어느새 눈물은 그치고, 무엇이 잘못되었는지 어렴풋이 알게 되기도 했다.

이제 우리는 내 가슴에 살고 있는 존재를 믿고, 내가 두려워하고 있는 무엇을 다만 느껴보겠다고 스스로 허락하기만 하면 된다. 당신의 삶을 좁고 재미없게, 슬프게 만드는 잘못된 믿음은 무엇인가? 그 경험들을 하나하나 떠올려보라. 그때 나는 어떤 느낌을 받았는가? 그러한 느낌 속에서 당신은 무엇이 절실하게 필요했는가? 사랑받는다는 느낌이었는가? 안전함인가? 다른 사람들에게서 인정받는 것인가? 그리고 내가 필요로 했던 그것들을 내가 초대한 사랑의 존재들에게 부탁해보라. '부탁인데 나를 사랑해주세요.' '나를 봐주세요.' '내가 안전하도록 지켜주세요.' 사랑의 존재는 기꺼이 내 소원을 들어줄 것이다.

이 과정은 누군가 따뜻한 담요를 내 어깨에 덮어주는 것과 같다. 따뜻한 물에 몸을 푹 담그는 것과 같다. 그것은 안전함, 편안함이다. 그리고 나의 상처와 두려움, 고통과 슬픔을 완전히 놓아버린 그 자리에서, 나의 가장 아픈 곳에 사랑이 흘러드는 것을 상상하고 느껴보라. 파도는 바다의 속성일 뿐이다. 바다는 파도를 품어 안는다. '바다'라는 나의 자각은 상처 입은 나, 두려움에 떠는 나, 겁 많은 나, 슬퍼하는 나를 품어 안는다. 사랑의 자각은 내가 가진 가장 큰 자원이다.

주의할 점은 명상을 통해 반드시 어떻게 되어야 한다, 무언가를 이루겠다는 생각까지 내려놓아야 한다는 것이다. 어떤 사람들은 한두 번의 명상으로 사랑을 자각하며 진정한 피난처를 찾지만, 어떤 사람들은 '중간에 잠든지도 몰랐어.' 하면서 아무 효과를 보지 못한다. 한 사람이 처해 있는 인생의 시기와 상황에 모두 적합하게 맞는 명상을 디자인할 수 없기 때문이다. 그러나 모든 인간이 '사랑'의 능력을 가지고 있다는 것만은 불변의 진실이라는 점은 잊어서는 안 된다.

어머니의 마음으로
나를 돌보다

우리는 참된 피난처에서 내 안의 사랑을 발견하고 비로소 모든 고통에서 자유로워진다. 여기서의 사랑은 자애慈愛다. '자慈'는 사랑, 어머니라는 뜻이다. 자애는 사랑보다 깊은 사랑, 한량없고 조건 없고 한계가 없는 어머니와 같은 순수한 사랑이다. 그 사랑을 먼저 나에게 비추며 마음을 열게 하여, 순간에 깨어있도록 하는 모든 명상과 방법을 자애 명상, 메타Metta 명상이라고 한다.

치료와 치유는 스스로에 대한 부모 역할을 다시 학습하는 것이다. 부모가 자식을 사랑하듯 스스로 자기 자신을 돌보는 법을 익히는 것이다. 치유 과정에서 우리는 어린 시절 부모에게서 받았던 사랑과 이해를 느낄 수 있으며, 그 사랑과 이해를 똑같이 자기 자신에게 쏟게 된다.

만약 우리가 어떤 이유로든 삶을 고통스럽게 느낀다면 스스로 자신을 사랑하지 않거나 왜곡된 방식으로 돌보고 있기 때문이다. 의사이자 작가인 레이첼 나오미 레멘은 우리의 내면에는 우리를 중력처럼 묶어놓는 법칙이 있다고 말한다. 그 법칙은 자신과 삶 전반에 대해 지니고 있는 자기만의 신념, 혹은 믿음이다. 이 믿음은 어떠한 조건과 상황에서도 쉽게 변하지 않는다. '나는 무가치한 존재다.' '나는 부족하다.'는 느낌 역시 우리 내면을 묶어놓는 법칙 가운데 하나다.

그러나 단 한 번의 무조건적인 사랑이 그 중력의 법칙에 의문을 품게 할 수 있다. 그것은 단 한 번의 명상일 수도 있고, 누군가 다른 사람에게서 받은 사랑과 관심일 수도 있다. 그 사랑, 즉 메타를 전해 받은 이는 자신을 더 완벽하게 사랑하는 법을 깨닫게 된다.

《선Sun》이라는 잡지에서 한 여인의 글을 읽은 적이 있다. 어린 시절 엄마에게서 정서적인 학대를 받은 한 중년 여성의 이야기다. 그녀의 엄마는 어린 그녀에게 낯선 사람과 세균, 질병, 독극물에 대한 두려움을 안겨주었다. 딸의 안전을 강박적으로 걱정한 것이라기엔 너무 지나칠 정도였다. 엄마는 딸이 잘못을 저지르면 '하느님이 무시무시한 벌을 준다.'고 위협했으며 그것은 어린 그녀에게 밤잠을 못 이룰 만큼 큰 공포를 안겨주었다. 사춘기 시절 그녀가 학교 담장을 넘다가 경찰에게 붙잡혔을 때 엄마는 크게 꾸중을 했다. 친엄마가 맞나 싶을 정도로 심한 말을 들은 그녀가 엄마에게 물었다. "엄마는 나를 사랑하나요?" 그러자 엄마가 말했다. "어떻게 너 같은 아이를 사랑할 수 있겠니?"

이 짧은 대화는 그녀에게 큰 상처를 남겼다. 그 말을 도저히 잊을 수 없었던 그녀는 엄마의 차가운 목소리가 떠오를 때마다 '나는 도저히 잊을 수 없어. 용서할 수 없어.' 혹은 '그래, 나는 엄마에게도 사랑받지 못한 존재야.'라고 스스로에게 더 깊은 상처를 주곤 했다.

상처는 아주 오랫동안 그녀를 괴롭혔다. 치유하는 데 무려 50년이나 걸렸다. 그런데 상처를 치유하게 된 계기는 아주 잠깐, 갑작스럽게 다가왔다. 50년 만에, 한순간에 상처가 치유되기 시작한 놀라운 순간을 그녀는 이렇게 적고 있다.

"심리치료사에게 섭식장애에 대한 상담을 받았어요. 사실 나는 아주 어릴 때부터 섭식장애를 앓아왔어요. 이 나쁜 습관이 얼마나 오래되었는지 설명하면서 나는 웃음을 터뜨렸어요. 스스로 너무 한심해서 조롱하듯 말한 거죠. 그런데 치료사는 전혀 웃지 않는 거예요. 오히려 매우 진지하게 듣고 있었죠. 나는 더 이상 웃을 수가 없었죠. 그때 내 뺨에 뜨거운 눈물이 흘러내렸어요. 그제야 나의 이야기를 누군가에게 처음으로 고백할 수 있었던 거죠. 다섯 살 때부터 나는 밤에 잠이 오지 않으면 부엌에서 몰래 빵과 치즈를 가져와 침대에서 먹었어요. 나는 어떤 천사가 내 곁에 있다고 생각하며 오른손으로는 빵을 먹고 왼손으로는 내 머리를 쓰다듬었죠. 나는 자신에게 속삭였어요. '자, 이제 잠을 자야지. 이제 괜찮아. 아무 일도 없을 거야. 내가 지켜줄게.' 그러고 나면 조금 편안하게 잠을 잘 수 있었죠."

그녀의 마음을 열게 해준 것은 심리치료사의 공감 어린 눈빛이었다. 당신의 아픔을 나도 느낍니다, 라는 무조건적인 사랑이 스스로 자신을 조롱할 만큼 꼭꼭 닫아두었던 상처를 열게 했다. 그리고 그녀는 불안과 두려움에 떠는 어린아이가 가상의 천사를 불러내 마음의 평안을 얻는 모습을 기억해냈다. 그녀의 잘못된 식습관에는 이런 상처가 숨겨져 있었던 것이다.

어린 소녀가 천사를 불러내었듯이 인간의 영혼은 사랑을 찾아 집으로 돌아오려는 습성을 가졌다.

심리치료사는 그녀가 스스로의 이야기에 귀를 기울이고 느끼도록 했다. 자신의 상처를 있는 그대로 바라보도록 했다. 그러자 그녀는 어린 시절의 자신이 그랬듯 상처 입은 자신을 어루만지고 보살피려는 마음이 생겨났다. 인간의 핵심적인 선함이 그녀의 내면에서 꿈틀거리기 시작한 것이다. 자기 안의 사랑과 선함을 깨달은 그녀는 비로소 자신을 어떻게 사랑해야 하는지 알게 되었다. 한 번의 공감, 무조건적인 사랑이 그녀 내부를 깨우도록 작은 균열을 일으킨 것이다.

걷거나 앉거나 누웠거나 언제나 사랑하라

인간의 근본적인 영혼은 사랑의 현존으로 돌아오고자 하는 선善함이다. 그 선한 에너지로 자신을 돌보는 것이 메타(자애) 수행이다. 불교심리학에서는 마음의 건전한 상태를 일깨우는 것을 중요하게 다룬다. 단지 지금 여기, 현재를 알아차리는 데서 그치는 것이 아니라 건전한 마음 상태를 적극적으로 계발하는 데까지 나아간다. 감사와 사랑의 마음, 자애와 인내의 마음을 계발하는 것이다. 메타 수행은 마음챙김 수행과 마찬가지로, 우리 뇌에서 긍정적인 감정과 관련된 부분을 활성화시킨다.

메타 수행의 유래는 부처가 생존하던 시대로 거슬러 올라간다. 부처는 매년 우기가 시작되기 전에 5백 명의 비구(남자 승려)들과 함께 모여 수행하고 명상했다. 부처의 제자들이 명상하기 좋은 장소를 찾던 중 시내가 흐르고 커다란 나무가 그늘을 드리운 곳을 발견했다. 비구들은 나무 밑에 자리를 잡고 앉아 곧 명상을 하기 시작했다.

그런데 그곳은 이미 나무의 정령들과 뭇 영혼, 귀신들이 거주하던 터였다. 자신들의 영역이 침범당했다고 생각한 정령과 영혼들은 도깨비 형상으로 나타나 기괴한 소리를 지르며 비구들을 쫓아내려 했다. 처음에 비구들은 이 현상을 똑바로 지켜봄으로써 공포와 두려움을 이겨내려고 했다. 그러나 영혼들이 목이 잘리고 피를 흘리는 등 끔찍한 형상으로 나타나 위협하자 겁에 질린 나머지 쫓기듯 숲에서 나와버렸다. 그러고는 부처에게 가 사정을 고했다.

"부처님, 이 숲속은 명상하기에 적합하지 않습니다. 다른 장소를 찾아야겠습니다."

그러자 부처가 말했다.

"아니다. 너희는 단지 그들과 맞서는 적절한 방법을 모르기 때문이다. 내가 그것을 알려줄 터이니 숲으로 돌아가라."

부처가 알려준 방법은 바로 〈자비경〉이다. 부처는 숲속 입구에서부터 자비경전을 암송하라고 했다. 〈자비경〉은 모든 중생을 사랑하고 그들의 행복을 비는 염원이 담겨 있다. 불교에서의 중생은 살아있는 모든 존재를 가리킨다. 나를 포함하여 내가 미워하는 사람, 나를 싫어하는 사람은 물론 눈에 보이지 않는 미물에서부터 지옥에 떨어진 영혼까지 모두 포함된다. 비구들은 부처님이 일러준 대로 숲의 입구에서부터 자비경전을 읊기 시작했다.

"……살아있는 모든 생명이 행복하기를! 서로를 속이지 말고 헐뜯지 말지니 누구든 분노나 원한 때문에 서로에게 고통을 주지 마라. 마치 어머니가 목숨을 걸고 외아들을 돌보듯 모든 존재에 대하여 끝없는 자애의 마음을 베풀라. 세상의 사방 끝에서 끝까지 감싸 안는 사랑의 마음을 키우라. 걷거나 앉거나 서 있거나 누워 있을 때라도 미움과 원망을 넘어선 자애의 마음을 새기라. 항상 깨어 바른 생각을 놓치지 않음이 거룩한 마음가짐이다. 잘못된 견해에 빠지지 말고 계를 지키고, 지혜를 갖추고, 감각적 욕망을 탐하지 않으면 그는 결코 불행의 나락에 들지 않으리라."

그러자 비구들의 마음에 가득 차 있던 두려움과 적대감이 사라지고 따뜻한 기운이 흘러들었다. 그들은 진심으로 영혼들을 위해 기도했다. 그 선한 마음이 파도가 되어 정령과 영혼, 귀신들에게 전해졌다. 살기등등하던 그들의 기세도 누그러졌다. 이제껏 자신들을 위해 누구도 기도해준 적이 없었던 것이다. 영혼들은 비구들을 따듯하게 맞이하며 그들이 앉을 자리를 내주었다. 그리고 비구들이 수행을 마칠 때까지 사방을 호위하며 보호하였다. 비구들과 귀신들은 수행기간 내내 친구가 되었으며 비구들은 무사히 깨달음을 얻은 뒤 그 숲을 떠났다.

부처가 비구들에게 가르쳐준 것이 바로 메타 수행이다. 부처는 자비로써 내 안의 선함 그리고 세상의 선함과 연결할 수 있는 법을 알려주었다. 어머니가 하나뿐인 자식을 돌보듯, 한량없는 자애로운 마음만이 온갖 고통과 두려움에서 벗어날 수 있음을 보여주었다.

부처의 제자들은 전통적으로 경전을 외움으로써 자애 수행을 했지만, 상상하는 것만으로도 좋다. 내가 아는 어떤 이는 하루를 메타 수행으로 시작한다. 출근하기 위해 집을 나서면서 자신에게 메타의 에너지를 심는다. '오늘 내가 가는 곳마다, 만나는 사람마다 모두 행복하고 평안하기를 기도합니다. 내가 즐겁고 기쁘듯이 그들도 기뻐하기를 바랍니다. 내가 성공하기를 바라듯이 그들도 모두 성공하기를 바랍니다.' 이런 작은 기도가 곧 남을 위한 것처럼 보이지만 실은 자기 자신의 선한 본능을 일깨우며, 그가 오늘 하루를 평안하고 고요하게 보낼 수 있게 한다. 나에겐 늘 선한 의지가 있으며 그것을 항상 깨닫고 있음으로써 삶에서 만나는 고통과 두려움을 담담하게 맞을 수 있게 되는 것이다.

자애 수행을 하는 또 다른 여인은 '상상'을 이용한다. 그녀는 삶이 힘들 때마다 아주 평화로운 풀밭 위에 놓인 벤치에 편안히 앉아 있는 자신을 상상한다. 그리고 자신이 느끼고 있는 두려움을 옆에 내려놓고 자애의 따뜻한 기운이 포근히 감싸고 있다고 생각한다. 그러자 나무와 하늘과 땅이 그녀를 따뜻한 눈빛으로 지켜보는 듯이 느껴지면서 마음에 빈 공간이 생겼다. 그 공간에 머물면서 그녀는 중얼거렸다. '좋아. 나를 괴롭히는 두려움이로군. 지금부터 나는 두려움을 있는 그대로 느껴볼 거야. 너를 나의 자애로움으로 품어볼 테야.' 그런 상상만으로 그녀는 한결 부드러워진 마음으로 자신을 돌볼 수 있었다.

나의 선함을 깨우는 명상

인생은 '감사합니다'로 충분하다

자애의 마음을 기르는 방법은 무수히 많다. 하지만 어떤 자애 수행법이든 자신과 타인의 선함을 보고 느끼는 것과 돌봄의 마음을 보내는 것, 이 두 가지를 잊어서는 안 된다. 자애 수행에서 스스로에게 맨 먼저 물어야 할 것은 '자신에 관하여 감사하게 생각하는 것'을 잠시라도 느껴볼 수 있는가다. 감사는 곧 수용의 표현이며, 받아들임의 또 다른 모습이기 때문이다. 우리가 평생 '감사합니다'라는 기도만 해도 충만한 삶을 살 수 있다는 말도 있다.

마음이 쉴 수 있는 평화로운 공간이라면 어디든 좋다. 먼저 자신에게 물어보라. 그동안 나는 '나'를 어떻게 생각해왔는지 생각나는 대로 떠올려보라. 나는 키가 작다, 뚱뚱하다, 못생겼다, 다리가 짧다, 얼굴이 크다 등 외모에 대한 판단, 또

참을성이 없다, 소심하다, 겁이 많다와 같은 성격에 대한 판단, 그리고 집안이 가난하다, 부모님 능력이 부족하다와 같은 환경에 대한 판단들……. 아마도 부정적인 생각들이 많을 것이다.

이 모든 판단을 한쪽에 치워두고 그 빈 공간에 단지 지금 이 순간을 느껴보라. 그리고 내 안의 어딘가에 있는 본질적인 선함을 건드려보라. 그 다음 있는 그대로의 나 자신을 나의 선함으로 머리부터 발끝까지, 온 마음으로 느껴보라. 그리고 자신에 대해 감사하게 생각하는 느낌을 가져보라. 자, 무엇이 떠오르는가.

별것 아니라고 스스로 깎아내렸던 나의 능력이 타인에게 도움을 주니 감사하다. 일만 저지를 뿐 마무리가 안 된다고 생각했던 나의 호기심이 삶을 즐겁게 했으므로 감사하다. 손해만 본다고 억울해했던 참을성으로 좋은 사람들을 만났으니 감사하다. 미워하는 마음도 있지만 그보다 사랑하는 마음이 더 크니 감사하다. 그리고 오늘 지금 여기에 살아있음에 감사하다.

물론 여기까지 명상을 했는데도, 어쩌면 지금 당장 아무런 느낌이 없을 수도 있다. 그 결과에 너무 의식하지 마라. 다만 지금 자신이 무엇에 대해 감사하고 있는가에 대해서만 느껴보라. 자신에 대한 감사가 아니더라도 지금 현재 이런 생각을 하려고 노력하는 그 자체, 즉 현존에 감사하는 것만으로도 충분하다. 그런 의도와 노력을 기울이는 것만으로도 감사의 마음이 충분히 일어나기 때문이다.

나를 믿어주고 사랑해주는 누군가를 마음속에 불러내는 것도 좋다. 그 사람은 나를 어떻게 바라볼까를 생각해보는 것이다. 먼저 그 사람이 사랑과 감사의 눈으로 나를 바라보는 것을 상상해보라. 그리고 그 사람의 눈으로 나를 바라보라. 무엇이 보이는가. 어떤 장점이 보이는가. 어떤 점이 부럽고 감사한가. 이 사람이 보고 있는 나의 선함은 무엇인가. 때로는 타인의 눈, 즉 내가 믿고 존경하는 사람이 객관적인 눈으로 바라볼 때 내가 감사해야 할 점들이 더 정확하다.

일상의 두려움과 함께 살아가는 명상

/

드넓은 바다에 떨어지는 한 방울의 두려움

서스펜스 영화의 거장 알프레드 히치콕 감독은 말했다. "나에게는 두려움을 없애는 방법이 있다. 두려움에 대한 영화를 만드는 것이다." 성인 밀라레파도 수행 중에 두려움이라는 무서운 악마를 만나 싸운다. 도저히 이길 수 없을 것 같았을 때 밀라레파는 악마의 입속으로 들어가 이겼다. 모든 것을 내려놓고 받아들이면 두렵지 않다는 뜻이다. 이 명상은 호흡을 통한, 두려움과 하나가 되는 명상이다. 싸움과 맞섬이 아니라 좀 더 부드러운 만남과 포용이다.

편안하게 앉아 몇 차례 깊은 심호흡을 한 다음 주의를 한곳에 모은다. 머리에서 발끝까지 자신의 몸을 느껴보라. 굳어진 근육을 풀어준다. 특히 어깨와 손의 긴장을 푼다. 이제 두려움을 느끼는 상황을 지금 이 자리로 초대한다. 누군가에게 큰 상처를 받았거나 수치심을 느낀 일인가. 어둠 속에 홀로 있는 듯한 절망감인가. 꼭 해야 하지만 너무나 두려워하는 일인가. 앞으로 일어날지도 모를 어떤 일에 대한 불안인가. 지금 앓고 있는 병이 깊어질까 두려운가. 다시 술을 마실까 봐 불안한가. 우리가 느끼는 불안과 두려움은 너무나 많다.

그 다음 나에게 질문을 던져보라. "현재 상황에서 일어날 수 있는 가장 최악의 모습은 무엇인가? 내가 정말로 두려워하는 것이 무엇인가?" 이 질문은 정말 내가 두려워하는 어떤 상황을 떠올리게 할 것이다. 이때 몸에서 일어나는 감각을 주의를 기울여 느껴보라.

최악의 상황은 나의 몸에 어떤 반응을 일으키는가. 목이나 가슴, 배에서 그 두려움이 어떻게 표현되는지 느낄 수 있을 것이다. 떨림, 긴장감, 두근거림 등. 그 느낌들을 천천히 받아들인다. 친절하게 초대하겠다고 생각하라. 그것은 당신의 있는 그대로의 모습이기 때문이다.

이제 숨을 들이쉬면서 당신 안에서 가장 크게 통증이 느껴지는 부위에 숨이 직접 닿도록 한다. 그 부위에 당신의 두려움이 살고 있다. 그리고 숨을 내쉬면서 당신의 경험을 모두 담아 안을 수 있는 열린 공간을 느껴보라. 하늘과 바다, 광활한 삼림과 같은 넓은 자연의 공간을 떠올려보라.

숨을 들이쉬면서 두려움과 계속 접촉하라. 두려움이 실제로 어떤 느낌인지 관찰하라. 두려운 감각의 모양은 어떠한가? 만약 그것이 색깔을 띠고 있다면 어떤 색깔인가? 당신의 마음속에서 그 두려움을 어떻게 경험하고 있는가? 꽉 조이는 느낌인가? 아니면 정신없이 질주하는 느낌인가? 그것도 아니면 그저 혼란스러운 느낌인가?

숨을 내쉴 때는 모든 것을 내려놓아라. 그 두려움의 파도가 더 큰 세상에 속하는 것을 느껴보라. 활짝 열린 바다의 일부라는 것을 느껴보라. 당신의 두려움을 이 광활하고 부드러운 치유의 공간에 내맡겨라. 숨을 내쉬면서 두려움이 이 열린 공간 속에서 둥둥 떠 있다가 서서히 풀어져 사라진다고 상상하라.

숨을 들이쉬면서 친절하고 명료한 주의력으로 그 직접적인 감각과 접촉해보라. 숨을 내쉬면서 당신이 더 큰 무엇에 속한다고 생각해보라. 숨을 내쉬면서 당신이 사랑, 자연, 우주 등 더 큰 세상에 속해 있다는 것을 느껴보라. 자비롭고 광대한 무엇에 연결되어 있음을 느껴보라. 삶의 모든 두려움을 넉넉히 품어 안을 수 있는 자각의 공간에 당신이 속한다고 생각해보라.

이것은 자기 안의 두려운 감정을 온전하게 인식하고 접촉하는 방법이다. 불쾌하고 불편한 삶의 파도와 부드럽게 연결하고자 하는 자신의 의지를 느껴보는 것이다. 이것은 용기 있는 행동이다.

지금 이 순간, 두려움과 함께하는 명상의 기술을 습득한 당신은 이제 일상에서 두려움과 불안을 느낄 때면 언제라도 이 수련을 해볼 수 있다. 자신의 호흡을 이용하여 들숨과 함께 두려움과 직접 접촉하고 날숨과 함께 단순하게 내려놓으면서 열림과 안전, 사랑을 느낄 수 있다. 이제 당신이 느끼는 두려움의 에너지는 더는 매장되어 있지 않다. 어둠 속에서 썩어가지 않는다. 이제 당신은 두려움이 주는 불쾌한 느낌을 회피하는 자기, 삶으로부터 도망가는 거짓된 자기를 강화시키지 않는다. 대신 당신은 점점 더 자신감 있어질 것이며 더 생생하게 살아있음을 느끼게 될 것이다.

3부

∞

나를 어루만져 준 것은 바로 내 손이었다

'인간은 평생 타인의 눈 속에서 살다 간다.'는 말이 있다. 빈방에 홀로 있을 때조차 머릿속에서 보이지 않는 누군가의 시선을 느끼며 스스로 제약하는 우리들이다. 우리의 수많은 상처는 타인과의 관계에서 빚어진다. 분노, 두려움, 외로움, 우리를 힘들게 하는 감정도 마찬가지다. 나와 너, 분리된 둘 사이에서 우리는 '나'로 살지 못하고 내가 만들어 낸 '너'에 투사된 거짓 '나'로 살아간다. 타인의 눈에 비친 부족하고 무가치한 '나'가 아니라, 있는 그대로 완전한 '나'로 살아가면 두렵지 않다. 더 이상 타인에 대한 미움과 분노, 화가 일어나지 않는다.

3부는 진정한 '나'로 회복해가는 방법에 관한 이야기다. 타인의 눈에 갇혀 상처받고 분노하는 작은 '나'를 지금 여기로 불러와 충분히 이해하고 공감하며 용서하는 과정을 담았다. 나에 대한 이해와 공감을 이끌어내는 진실한 자기 연민은 '어리숙하고 모자란' 자기를 용서하고, 나의 상처의 원인 제공자라고 믿는 타인에게도 마음을 열게 한다. 바로 용서다. 하지만 용서는 처음부터 타인의 잘못을 절대적으로 허용함을 의미하는 것은 아니다. 다만 나에게 일어난 일이라는 것을 받아들이며 과거가 아닌 앞으로 나아가겠다는 의지다.

만들어진 타인과 영화 찍기를 그만두라

사랑하는데
왜 미워할까

엄마 손을 잡고 길을 걷는 여자아이 얼굴에 불만이 가득하다. 아마도 입고 나온 옷이 마음에 들지 않는 모양이다. 아이는 블라우스의 주름을 잡아 뜯으며 말했다. "엄마! 이 옷 싫어요. 사람들이 나를 바보 같다고 생각할 거예요!" 엄마는 화가 난 목소리로 대꾸했다. "아무도 네가 뭘 입었는지 관심이 없단다."

인간은 타인을 늘 의식하며 살아가는 존재다. 원시시대부터 이어져온 생존 본능이다. 살아남으려면 늘 바깥을 경계해야만 했다. 지금도 우리는 끊임없이 다른 사람을 의식하고 비교한다. 타인의 판단과 평가에 나를 가둔다. 그것은 '나'를 작은 상자에 들어가도록 꼬깃꼬깃 접는 것과 같다. 작고 좁은 '나'를 진짜 나로 믿고 동일시할수록 '다른 사람은 나를 어떻게 생각할까?'와 같은 두려움은 커진다. 그것을 충족하기 위해 내가 원하고 가져야 할 것은 많아지므로 불안감은 더욱 커진다. 이것은 내가 타인을 바라볼 때도 똑같이 적용된다. 타인을 있는 그대로 바로 보지 않고 판단하고 분석한다. 하나의 전체로서 서로가 연결되어 있다는 점을 깨닫지 못하는 한 우리의 두려움과 불안은 계속된다.

폴 뉴먼, 아니 미시간에 사는 한 여성의 이야기다. 그녀는 종종 뉴잉글랜드의 작은 마을에서 휴가를 보냈는데, 그곳은 영화배우 폴 뉴먼이 자주 찾는 곳이기도 했다. 어느 일요일 아침, 그녀는 운동을 마치고 아이스크림을 사려고 카페에 들어갔다. 카페에는 한 남자가 커피를 마시고 있었다. 폴 뉴먼이었다. 그녀는 한눈에 폴 뉴먼을 알아보았다. 순간 심장이 쿵쾅거렸다. 눈이 마주치자 폴 뉴먼이 먼저 미소를 지어 보였다. 그녀는 애써 흥분을 감추고는, 주문한 아이스크림과 잔돈을 건네받아 부리나케 가게를 나왔다. 그런데 조금 걷다 보니 손에 잔돈만 있을 뿐 아이스크림이 없었다. 다시 가게로 들어가 점원에게 물었지만 분명히 아이스크림을 가져갔다는 것이다. 어리둥절해 있는 찰나 폴 뉴먼이 웃으면서 말했다. "당신 주머니에 넣으시더군요." 정신이 폴 뉴먼에게 몽땅 가 있었으니 아이스크림을 잔돈으로 착각하고 주머니에 넣어버린 것이다. 우스운가? 우리도 폴 뉴먼(다른 사람)에게 마음을 빼앗겨 아이스크림(소중한 무엇)을 주머니에 넣어버린 일이 있지 않은가?

어떤 사람을 만나거나 어떤 이야기에 빠져들든 우리는 자신의 모든 안테나, 촉수를 총동원하여 판단하지 않는다. 제한된 반응을 보인다는 뜻이다. 그것은 나의 깊은 곳에 자리한 진정한 본성이 아닌 표피에서 일어나는 반응이다. 그때 우리가 의식하는 대상은 '만들어진 타인'이다. 나의 욕구 혹은 두려움이 만들어낸 2차원적 인물이다. 눈앞에 실재하지만, 우리의 의식이 덧씌워진 타인이다.

우리는 머릿속에서 만들어진 타인과 연극을 한다. '저 사람은 나를 싫어할 거야.'라는 상상 속에는 자신감 부족과 상대에게 인정받고 싶은 무의식이 깔려 있다. 처음부터 그 사람이 정말 나를 싫어하는지 아닌지의 여부는 상관이 없다. 상대의 말과 행동, 몸짓, 태도 등 모든 것에 나의 주관적인 상상이 덧입혀져 '저 사람은 나에게 친절하지 않을 거야.'라는 생각이 만들어지는 것이다.

스스로에 대한 확신, 또 타인에 대한 두려움 없이, 타인에게 아무 것도 바라지 않는다면 우리는 상대를 자연스럽고 편안하게 대할 것이다. 우리가 지금 이 순간에 현존하지 않는다면 상대는 내가 만들어낸 비현실적인 타인으로 변한다. 실재 속에 살지 못하는 우리는 연극 무대 위의 가짜 배우가 되어 상대와의 이야기를 만들어낸다.

무언가를 원하는 것과 두려움은 서로 긴밀히 연관되어 있다. 우리가 무언가에 집착할 때, 우리가 누군가로부터 특히 가장 가까운 사람에게 무언가를 원할 때 우리는 그들이 내가 원하는 방식대로 해주기를 바란다. 하지만 뜻대로 되지 않는다. 그럴 경우 우리에게 가장 중요한 존재라고 믿었던 사람이 한순간에 너무나 미운 사람이 되어버리기도 한다. 부모, 배우자, 자녀 등 가족을 미워하게 된 이들은 한결같이 어떤 바람이 충족되지 않았음을 이야기한다. '아버지는 내 생일에도 일을 하셨어요.' '남편은 언제나 내 말을 듣지 않아요!' 등. 그로 인해 우리 마음속 어딘가에는 늘 누군가를 향한 원망과 비난, 원한이 웅크리고 있다.

그동안 내가 만난 사람들의 대부분은 어떤 방식으로든 다른 사람들로부터 자신이 상처받았다는 느낌, 실망하고 배신당했다는 느낌, 사랑받지 못한다는 느낌을 갖고 있었다. 거기에는 자신을 실망시킨 타인을 향한 분노도 섞여 있다. 모든 사람이 어느 정도는 타인을 바라볼 때 (자신을 실망시키는) '나쁜 타인'에 대한 생각에 갇혀 경계심을 보인다. 그것은 아주 경미한 수준의 만성적인 거리감으로 드러난다. 어렴풋이 자신이 무시당했다고 느끼는 정도다. 예를 들면, 내가 보낸 이메일에 답이 없는 경우 '내 이메일에 답장도 않는 군. 날 무시하는 건가?'라고 생각한다. 상대가 바빠서 답을 할 겨를이 없었을지도 모르는데 말이다. 이런 감정은 가족 사이에서도 흔하다. '아내는 왜 내가 원하는 것을 협조하지 않지. 내 편이 아닌 거야.' '왜 우리 아이들은 나에게 걱정만 줄까. 엄마가 만만한 걸까!' 나쁜 타인에 대해 갇혀 있는 우리는 직장에서, 가정에서 누군가에게 끊임없이 화를 내며 살아간다.

이렇듯 우리는 자신을 깊이 들여다보고 약한 부분을 헤아리기보다 상대를 비난하는 데 더 익숙하다. 문제는 자신의 내면에 자리한 원망과 원한에 갇혀버릴 수 있다는 것이다. 자신이 가장 사랑하는 사람에게도 만성적인 미움과 원한을 품은 채 살아가기도 한다. 그들은 타인과의 관계에서 해결되지 않는 무언가를 반복해서 재생시키며, 슬픔을 되새김질한다.

'만들어진 타인'에 갇히게 되는 몇 가지 원인이 있다. 그것은 자신의 생각이 언제나 옳다는 믿음이다. 내가 어떻게 상대를 평가하고 판단 내리든 그게 진실이라고 생각한다. 처음 만난 누군가에 대해 우리가 '저 사람은 불친절해'라고 생각했다면 정말 그는 불친절한 사람일까? 그가 나를 향해 웃지 않았다는 것을 불친절한 증거로 삼을 수 있을까? 그럼에도 그가 불친절한 사람으로 낙인된 것은 단지 내가 그렇게 생각했기 때문이다. 그 이후 불친절한 사람이라는 증거는 더욱 늘어나기 마련이다.

만들어진 타인에 갇히게 되는 또 하나의 방식은 타인이 나의 의견에 동조하지 않는 것처럼 느껴질 때 불안감을 느끼고 그가 잘못되었다고 판단하는 것이다. 또 상대가 나를 기분 좋게, 내가 원하는 분위기를 만들어주지 못하는 것에 깊은 배신감을 느끼기도 한다. 이런 이유로 우리는 비현실적 타인, 만들어진 타인과 씨름하며 살아간다. 그 틈에서 자신과 타인에 대한 불신감은 더욱 커진다.

용서는 상대에게 파란불을 켜주는 것이 아니다

타인이 준 상처로 인한 배신감, 무력감을 해결하기 위해 거쳐야 하는 과정이 바로 '용서'다. 하지만 용서는 유리잔을 닦는 것처럼 조심스럽다. 모든 사람이 용서가 아름다운 가치라고 하지만 자신이 정말로 용서해야 할 일을 맞닥뜨리기 전까지 용서는 단지 하나의 추상적 관념에 불과하다. 상처를 입었을 때 우리가 용서하지 못하는 것은 자연스러운 일이다. 용서하지 않는 것은 똑같은 상처를 입지 않겠다는, 스스로를 보호하려는 일종의 갑옷이기도 하다.

무엇보다 용서는 근본적으로 나를 위한 것이다. 누가 나에게 얼마나 큰 고통과 배신, 상처를 주었는가를 따지기 전에, 내 안에 가득한 분노와 증오, 미움을 걷어내고 무엇에도 자유로운 진짜 '나'를 발견하는 기회가 되는 것이다. 사실 삶에서 만나는 이런저런 고통들은 단 하나의 원인으로 비롯된 것이 아니다. 수많은 인과관계가 얽히고설켜 드러난, 아직도 진행 중인 하나의 과정일 뿐이다. 이것을 인식하면 용서의 문은 느리지만 분명히 열릴 수 있다. '만들어진 타인'에 대한 이야기도 내 상처의 원인이 모두 타인에게만 있다고 할 수 없음을 일깨우며 우리를 위로하고 마음을 어루만진다.

용서 명상을 통해 '용서'의 본질적인 의미에 대해서 알아보자. 먼저 당신의 내면에서 누군가에 대한 강한 분개와 비난, 분노의 느낌을 찾아보라. 만약 그다지 강한 감정이 느껴지지 않는다면 일상에서 만성적으로 느끼는 불만을 관찰한다. 이런 감정을 일으키는 원인이 무엇인지, 무엇 때문에 이런 느낌을 갖게 되었는지 생각해본다.

이 지점에서 스스로에게 질문해보라. 만약 내가 분노를 일으키는 이야기에서 떠난다면 어떤 느낌을 갖게 될까? 만약 나를 힘들고 슬프게 하는 경험을 어떤 식으로든 내려놓을 수 있다면 무엇을 느끼게 될까? 누군가 나를 향한 비판이나 잘못된 판단에 귀 기울이지 않는다면 어떤 느낌을 가질까?

그 다음 내가 분노와 상처를 내려놓는 것을 가로막는 것은 무엇인지 살펴본다. 다시 말해 무엇이 나를 분노의 감정에 매여 있도록 하는지 관찰한다. 그곳엔 아마도 혼란, 상처, 외로움, 두려움, 선택받지 못한 슬픔이 있을 것이다. 우리는 이런 감정에 머물지 않기 위해 더 분노하고 짜증을 내는 것이다. 내가 용서하지 못하는 것은 이런 이유 때문이다. 우리 스스로 이 점을 존중해야 한다. 그럼으로써 우리는 용서하지 못하는 나 자신을 부족한 사람으로 여기는 잘못을 막을 수 있다. 중요한 것은 나에게는 아직 고통이 남아 있다는 것을 인식하고 느끼는 것이다. 그래야 용서의 과정으로 나아갈 수 있다. 나의 고통을 충분히 느끼지 못하고 덮어두거나 외면한다면 분노는 더 깊어진다. 만약 성폭행을 당한 여성이라면 성폭행을 당한 그 느낌을 접촉하지 않고는 용서의 과정을 시작할 수 없다.

여기서의 용서는 '수용', 즉 '받아들임'이다. 보통 '용서'는 타인의 잘못을 용서하겠다는 의미로 쓰인다. '용서'라는 말에 대한 가장 큰 오해 중 하나는, '괜찮아, 네가 그렇게 해도 괜찮아.'라고 말하며 그것을 용납하거나 정당화해주는 것이라고 생각하는 것이다. 또는 '그건 정말 내 잘못이고 내 문제였어.'라고 말하는 것이 용서라고 오해한다. 그러나 용서는 상대의 잘못을 그저 용납하거나 정당화해주는 것이 아니다. 상대에게 단지 '파란불'을 켜주는 것이 아니다.

용서는 상대의 나쁜 행위에 대한 특정한 이야기를 내 안에서 놓아버리겠다는 것. 그리고 그와 동시에 똑같은 상처가 다시 저질러지지 않도록 단단히 결심하겠다는 의지다. 나의 주도적인 행동이 담겨야만 진짜 용서다. 다시 한 번 강조하지만, '용서'란 단지 용납이나 수동성을 의미하는 것이 아니다. 또 용서는 절대 강요할 수 없다. 섣부른 용서는 자기기만, 회피, 자기 부정일 뿐이다.

만약 용서로 나아가지 못하고, 배신이나 분노의 감정에 멈추게 되다면 우리는 남은 인생 동안 똑같은 고통을 반복하며 살아가야 한다. 아직 가야 할 길이 많이 남아 있는 우리에게는 너무나 큰 불행이다. 억지로 용서할 수는 없지만 반드시 용서가 필요한 것은 이 때문이다. 용서는 우리의 '심오한 의도'가 필요한 것이다.

용서는 천천히 피어나는 꽃이라는 말이 있다. 용서는 평생에 걸친 과정이다. 용서로 나아가는 영적인 여정 전체가 곧 용서라고 정의하기도 한다. 단 한 번의 용서로 완성되지 않고 조금씩, 혹은 분노의 마음이 일어날 때마다 계속되어야 하기 때문이다.

용서는 많은 단계를 거쳐야 한다. 비탄, 분노, 슬픔, 두려움 등 한 단계씩 나아간다. 이 가운데 용서하려는 마음을 내는 의도가 가장 중요하다. 용서라는 말을 입에 올리는 것만으로도 꽉 막힌 가슴에 작은 균열이 생긴다.

그렇다면 무엇이 우리가 용서하도록 동기를 부여하는 것일까. 용서를 생각하기 전에 분노를 폭발시키거나 화를 내버리는 것이 훨씬 더 쉽다. 우리 몸의 생화학적 작용은 화를 내면 에너지가 강해지는데 이 때문에 분노에 더 쉽게 빠진다. 물론 이 에너지는 매우 잘못된 힘이다. 이런 본능적인 에너지에 반해 우리 내부에는 사랑으로 살아가려는 갈망과 끌림이 있다.

샬럿 조코 백은 이런 글을 남겼다. '기쁨을 알지 못한다는 것은 용서를 모르기 때문이다.' 용서는 우리의 진정한 자유를 위한 것이다. 우리의 가슴을 밝히고 치유하기 위한 것이다. 과거의 감정과 과거의 경험 속에서 살아가는 것이 아니라, 과거를 반복하며 갇혀 있는 것이 아니라, 새로운 방식으로 지금 이 순간을 살아가도록 한다. 스스로 삶의 욕구를 일으켜 신선한 삶을 살도록 하는 것, 그 자리에 용서가 있다.

용서는 천천히 피어나는 기다림의 꽃

전 세계의 대학과 센터에는 70여 개의 '용서 연구소'가 있다. 용서라는 화두가 얼마나 뜨거운 주제인지, 그리고 얼마나 역동적으로 움직이는지 알 수 있다. 용서의 '연금술'은 우리가 어떻게 만들어진 타인과 적의로부터 분리가 아닌 '함께'라는 느낌으로 옮겨 갈 수 있는지에 관한 과정이다.

억울한 사정으로 감옥에 간힌 두 명의 죄수가 있다. 한 죄수가 다른 죄수에게 물었다. "너를 잡아들인 사람을 용서했니?" 그 죄수가 대답했다. "아니, 나는 절대 용서할 수 없어." 그러자 처음 질문을 던진 죄수가 말했다. "그러면 너는 계속해서 감옥에 있게 될 거야.

감옥에서 풀려난 뒤에도 말이야."

세상에는 폭력과 지속적인 비난, 행동이 악순환한다. 위반과 비난, 그에 대한 방어 그리고 다시 위반이 이어진다. 계속 돌고 돈다. 인간은 오래전부터 이 상황을 멈춰야만 한다고 생각해왔으며 그 방법을 찾으려는 노력들이 계속되어 왔다.

시애틀 대학과 스탠퍼드 대학에서는 용서는 갑자기 이룰 수 있는 것이 아니라는 연구 결과를 발표했다. 용서는 단 한 번으로, 갑자기 '모든 상황이 완료되는' 것이 아니다. 용서는 매우 점진적인 과정을 거친다. 흥미로운 점은 어떤 식으로든 스스로를 먼저 용서한 다음에 타인이나 혹은 그 일 자체에 대한 용서가 뒤따른다는 것이다. 용서는 '나는 괜찮다.'는 자기 상처에 대한 연민의 마음이 생긴 뒤에야 시작할 수 있다.

언젠가 용서에 관한 강의를 하던 중 한 여인이 화가 난 얼굴로 물었다. "남편이 지난 3년 동안 외도를 했다는 사실을 엊그제야 알게 되었어요. 당신은 용서의 영적 가치에 대해 이야기하지만 도대체 내가 어떻게 남편을 용서할 수 있단 말인가요?" 나는 말했다. "남편을 용서하려 하지 마세요. 적어도 지금 당장은요. 그 대신 상처 입고 화가 난 당신 내면을 살펴보세요. 배신감과 수치스러움으로 상처 입은 내면을 피하지 말고 바라보면서 자연스럽게 연민의 마음이 일어나기를 기다려야 합니다. 나를 슬퍼하고 안심시키는 자기 연민이 이 상황을 더 분명하게 바라볼 수 있도록 해줄 거예요. 당신이 지금 무엇을 필요로 하는지 천천히 알려줄 것입니다."

관계로 인한 커다란 상처를 입었을 때 우리는 제일 먼저 상대를 용서할 것인가, 말 것인가부터 떠올리는 경향이 있다. 우리의 무의식 안에 용서에 대한 압박감이 자리해 있는 것이다. 그러나 진정한 용서는 내 안에서 충분히 억울해하고 분노하고 슬퍼하는 과정을 거쳐야만 한다. 반대쪽 강기슭에 도착하기 위해서는 반드시 강을 건너야 하는 것처럼 말이다.

나와 같은 동네에서 살고 있던 한 남자는 어린 시절부터 아버지에게서 감정적인 학대를 당했다. 그의 아버지는 대기업 중역으로 매우 고압적인 성격이었다. 남자는 어머니를 닮아 미술과 글쓰기를 좋아하는 예민한 감성을 지녔는데 아버지는 그런 아들이 남자답지 못하다고 생각했다. 아들에 대한 실망감을 아버지는 "그깟 그림을 그려서 밥벌이나 하겠니?" "계집애처럼 책상에서 조몰락거리지 말고 밖으로 나가란 말이다." 등 거친 말로 터뜨리곤 했다.

아들이 성인이 된 뒤에도 아버지의 험한 말은 계속되었다. 아버지와 아들은 사이가 좋지 않았다. 두 사람은 오직 손자들을 통해서만 접촉했다. 어쩌다 둘만 있을 때면 서먹서먹한 분위기에 결국 화를 내는 사태가 벌어지곤 했다. 그러던 어느 날 아버지가 심장발작으로 쓰러졌다. 그 뒤부터 아버지는 좋아하던 테니스도 그만두고 집에서만 지내야 했다. 아버지는 외로움을 느끼며 힘들어했다. 아들은 그런 아버지에 대해 아랑곳하지 않았다. 아버지에게 관심을 가지라는 여동생의 말에 그는 퉁명스럽게 대꾸했다. "아버지 스스로 그런 삶을 만들어오셨을 뿐이야. 아플 때 함께해 줄 친구 한 명도 사귀지 못하신 거잖아." 그러자 여동생이 말했다. "오빠, 이제 아버지를 용서하면 안 돼? 지금 몸이 안 좋으시잖아." 아버지를 용서하라는 동생의 말에 남자는 화를 냈다. 그가 가진 분노의 밑바닥에는 이런 생각이 깔려 있었다. '아버지는 결코 당신이 나에게 준 괴로움에 대해 알지 못할 거야. 아버지는 내 용서를 받을 자격이 없어!'

명상 수련회에서 만났을 때에도 그는 여전히 달라지지 않았다. 나는 그에게 말했다. "당신이 느끼는 분노와 부당함에 관한 이야기는 한쪽에 잠시 밀어두세요. 그리고 그 자리에 무엇이 있는지, 당신이 정말 원하는 것은 무엇이었는지 살펴보시겠어요?" 그러자 그의 꾹 다문 입술이 가늘게 흔들리기 시작했다. 그가 느낀 것은 슬픔이었다. 그는 다정한 아버지, 격려하는 아버지, 함께 이야기를 나누는 아버지를 원했다. 그 욕구를 채우지 못했기에 아버지에 대한 분노가 클 수밖에 없었다. 나는 그에게 그 분노를 그대로 느껴보라고 했다. 피하지 말라고 했다. 그는 아버지를 미워하며 두려움에 떠는 어린 소년을 떠올렸다. 소년의 연약함과 슬픔이 고스란히 전해졌다. '그래, 그때 참 힘들었지. 이젠 괜찮아.' 슬픔을 느낄 때마다 그는 스스로를 이렇게 위로했다. 자기 연민의 마음이 일어난 것이다. 거친 분노가 부드러운 자기 연민으로 승화되는 순간이었다.

그때부터 그는 아버지를 예전과는 조금 다른 눈으로 보기 시작했다. 그에게 이제 아버지는 예전처럼 '만들어진 타인'이 아니었다. 아버지와 조금씩 대화를 하게 되면서 그는 아버지의 아버지, 그러니까 할아버지의 이야기를 듣게 되었다. 아버지 또한 자녀들에게 무관심한 할아버지 때문에 외로운 어린 시절을 보냈다. 게다가 아버지도 자신처럼 스스로를 충분히 표현하지 못하는 연약한 모습을 가지고 있었다는 걸 알았다. 또 할아버지의 따뜻한 관심을 받지 못한 채 스스로 앞날을 헤쳐오느라 아버지는 너무나 바빴으며, 자신이 그랬듯 자녀들도 강하게 자라기를 바랐다는 걸 알았다.

서로의 이면, 상처를 보게 된 두 사람은 서로에게 좀 더 친절해졌고 자연스레 농담이 오가기도 했다. 팽팽했던 관계가 느슨해졌다. 그러던 중 아버지가 또다시 심장발작을 일으켰다. 또 한 번의 위기가 지나간 뒤 남자는 아버지의 곁을 지켰다. 하루는 아버지의 침대맡에서 신문을 읽어주는데 아버지가 갑자기 손을 뻗어 그만두게 했다. 그러고는 천천히 말했다. "애야, 네 곁에 있어주지 못해 미안했다." 아버지는 울고 있었다. 아들은 몹시 당황했다. 아버지는 목멘 소리로 띄엄띄엄 말했다. "내가 너를 얼마나 사랑했는지 모를 거다."

아버지가 수십 년의 세월이 흐른 뒤에야 이런 말을 할 수 있었던 까닭은 무엇일까. 그것은 아들이 자신의 가슴을 열어 보여주었기에 가능했다. 아버지를 향해 꼭 닫혀 있던 문이 열리자, 아버지는 비로소 안전한 마음으로 아들의 가슴에 들어서서 자신의 사랑을 인정하고 표현할 수 있었던 것이다.

서로를 향한 비난에서 한 걸음 물러날 때 우리를 연결하는 선이 또렷하게 드러난다. 그리고 상대를 내 마음으로 불러들이고 초대할 수 있는 공간이 생긴다. 화를 내고 분노하는 행동은 단 한 번으로 끝나지 않는다. 그 혼란스러운 상황에서도 우리는 조금씩 용서와 사랑으로 나아갈 수 있다. 어렵지만, 반드시 가야 할 길이다.

익사와 구출의
선택

사람들은 수동적으로 이뤄지는 용서에 대해 우려한다. 실제 우리 사회에는 용서를 은근히 강요하는 분위기가 있다. 용서는 인간애의 최고봉이라는 것, 용서를 해야 좋은 사람이라는 것, 용서를 해야 편하다는 것, 공동체의 화합을 위한 희생적인 용서 등, 용서의 가치와 미덕은 수없이 강조되어 왔다. 하지만 매우 깊고 심각한 피해를 입은 사람들에게 용서란 상처를 견디는 것 이상으로 힘들다. 여기에는 모두의 관심이 쏠리게 되므로 피해자의 용서가 수동적으로 이뤄질 가능성이 높다. 어떤 면에서 강제적인 용서는 또 하나의 폭력으로 더 큰 상처를 남기기도 한다.

아프리카의 쿠족은 수동적인 용서를 경계하고 진정한 용서에 이르도록 하는 지혜를 가졌다. 부족에게 대대로 전해지는 전통이 '익사자의 의식'이다. 이 의식은 주로 부족 내에서 살인과 같은 큰 사건이 일어났을 때 치러진다. 먼저 부족민들은 죽임을 당한 피해자의 가족이 그 슬픔을 충분히 슬퍼하고 아파할 수 있도록 기다리고 보살핀다. 몇 년이 흐른 뒤 부족민들은 피해자의 가족과 살인자를 배에 태우고 강 한가운데로 간다. 그리고 손을 뒤로 묶은 살인자를 강물에 빠트린다. 이때 피해자의 가족들은 선택할 수 있다. 살인자가 물에 가라앉도록 내버려두느냐, 아니면 그를 구해내느냐는 선택이다.

만약 그가 익사하도록 한다면 쿠족 모두 피해자 가족의 복수를 정당하게 인정하는 셈이 된다. 하지만 복수를 한 뒤에도 그들이 입은 상처와 슬픔, 상실감은 사라지지 않는다. 또 살인자를 구해주었을 경우, 피해자의 가족은 인생이 언제나 옳은 것은 아니라는 점, 그리고 있는 그대로의 삶을 받아들임으로써 오히려 슬픔이 치유된다는 것을 깨닫게 된다.

쿠족은 피해자의 가족이 어떤 선택을 하든 받아들인다. 그러나 그 의식의 목적은 선택에 있지 않다. 용서가 어떻게 이뤄져야 하는지, 용서의 가치를 믿고 있는 부족은 그 과정을 피해자의 가족 스스로 겪어내기를 기다려주는 것이다.

피해자가 상대의 잘못을 곱씹으며 원망하는 것은 매우 자연스러운 반응이다. 그것을 억누르거나 억지로 없애려 하면 용서의 길은 오히려 막혀버린다. 비난과 원망의 단계를 지나 나의 상처를 바라보는 지점으로 나의 주의와 관심이 옮겨질 때만 비로소 용서를 말할 수 있게 된다.

용서에 대한 두 번째 함정은 '상대를 위한 용서'라는 생각이다. 우리는 다른 사람에게 고통을 안겨준 사람이 행복하게 살아갈 거라고 생각한다. 나는 이렇게 힘든데 그 사람은 멀쩡하게 아무렇지도 않겠지, 라는 생각이 우리를 더 분노하게 한다. 그러니 내가 용서 따위를 해서 상대를 두 다리 쭉 뻗고 자게 할 수 없다는 것이다.

그러나 수십 년 동안 많은 사람들과 상담하면서 가해자 역시 또 다른 고통으로 괴로워했다. 그러니까 이들을 용서하라는 말을 하려는 것은 아니다. 우리는 상대도 나처럼 똑같은 괴로움을 겪게 하기 위하여 나의 고통을 더욱 배가시켜서는 안 된다. 내가 용서해준다고 상대가 덜 고통스럽거나, 더 행복한 것은 아니기 때문이다.

어떤 사람들은 자신을 힘들게 하는 고통과 괴로움을 지켜보는 것에 가해자의 상황과 사정을 포함시키기도 한다. 그들은 다만 이 상황이 어떻게 일어났는지 알고 싶을 뿐이다. 주위에서는 그것을 용서의 시도로 바라보기도 한다. 특히 한 사건으로 똑같은 상처를 받은 가족들 사이에서 누군가 이런 태도를 보이면 또 다른 갈등과 고통이 일어난다. 너는 같은 가족인데 왜 가족에게 해를 끼친 사람 편을 드느냐는 비난과 질타가 쏟아진다.

어떤 남자는 아내를 죽인 살인범을 지속적으로 면회하며 죄를 뉘우치도록 만드는 과정에서, 아들로부터 어떻게 그럴 수 있느냐는 폭언을 듣다가 결국 부자 관계를 끊기에 이르기도 했다. 그런데 사실 이 남자가 처음부터 가해자를 용서하고 싶은 마음은 털끝만치도 없었다. 갑작스럽게 닥친 엄청난 고통과 슬픔을 견뎌내고 받아들이는 과정에서 그의 마음이 움직였을 뿐이다. 슬픔을 해소하는 그만의 방식, 그가 할 수 있는 최선이었다. 그렇게 하지 않았다면 아마도 그는 스스로 끝없는 상실감과 죄책감으로 불행하고 망가진 삶을 살아갔을 것이다.

워싱턴 D.C.에서 청소년 범죄자 재활 프로그램을 운영하던 교사가 들려준 이야기다. 그가 만나는 청소년들은 대부분 살인을 저지른 갱단 멤버들이었다. 이 프로그램에 참가한 한 소년은 갱단에 자신의 존재를 증명하기 위해 또래 청소년을 총으로 쏴 죽였다. 소년의 나이 고작 열네 살이었다. 재판이 열린 법정에서 죽은 아이의 엄마는 내내 침묵을 지키고만 있었다. 판사가 소년에게 최종 판결을 선고하자 그녀는 소년을 쏘아보며 큰 소리로 말했다.

"내가 너를 직접 죽여버릴 거야."

소년이 교도소에 수감된 지 6개월 뒤, 그녀는 아들을 죽인 소년을 면회했다. 소년은 어렸을 때부터 홀로 거리를 떠돌며 살았기에 친척도 친구도 아무도 없었기에 그녀가 소년의 유일한 방문객이었다. 그녀는 소년과 이야기를 나누고 담배를 사라고 돈을 주었다. 음식을 만들어 오기도 하고 필요한 물건을 선물했다. 3년간의 복역이 끝나자 그녀는 소년에게 앞으로의 계획을 물었다. 소년이 무기력하게 고개를 가로저었다. 소년은 갈 곳도 없었다. 그녀는 소년을 자신의 집으로 데려왔고 방을 내주었다. 그리고 일자리를 소개해주었다. 소년은 그녀의 집에서 그녀가 요리한 음식을 먹으며 일하러 다녔다. 8개월이 흐른 어느 날 그녀가 소년을 불러 이야기를 하기 시작했다. 그녀가 물었다.

"법정에서 내가 너를 죽이겠다고 고함쳤던 것을 기억하니?"

"네."

소년이 짧게 대답했다. 그녀가 말을 이었다.

"그때 나는 내 아들을 죽인 아이가 이 세상에 살아있을 이유가 없다고 생각했단다. 나는 그 아이가 죽기를 바랐지. 그래서 내가 너를 찾아간 거란다. 너에게 필요한 물건을 사주고 일자리도 알아봐

준 것도 같은 이유란다. 나는 너를 우리 집에 살게 하면서 너를 변화시키고 싶었단다. 지금 너는 내 아들을 죽인 그때 그 아이가 아니란다. 내 아들도 그리고 내 아이를 죽인 그 아이도 사라진 지금, 너를 내 아들로 입양하고 싶구나. 네가 허락한다면 말이야."

그녀는 자기 아들을 죽인 소년의 엄마가 되었다. 그 소년이 한 번도 가져본 적이 없는 엄마였다.

이 이야기를 하는 것은 우리 모두가 그녀처럼 행동해야 한다는 메시지를 전하려는 것이 아니다. 괴로움을 느끼고 다루는 능력은 사람마다 차이가 있다. 그녀가 보여준 고귀한 행동은 인간이 가진 특별한 능력이다. 누구나 할 수 있는 일이 아니다. 그러나 우리 모두에게도 그런 잠재된 힘이 있다. 그 힘은 우리의 괴로움과 원망이 '만들어낸 타인'을 향한 것임을 자각하기 시작하면서 자연스럽게 발휘된다.

용서는 절대 상대의 잘못을 허용하는 것이 아니다. 나의 능력만큼 용서할 수 있을 뿐이다. 용서는 누구도 강요할 수 없다. 설령 전능한 신이라도 말이다.

용서하는 가슴을 계발하는 명상

용서하는 것과 용서받는 것은 같다

아프리카 쿠족의 전통적인 용서법의 핵심은 기다림이다. 충분히 슬퍼하고 분노한 뒤 가슴속의 선한 에너지가 깨어날 때까지 기다리는 것이다. 다음은 우리 가슴을 두드려 용서의 가슴을 깨우는 명상이다.

먼저 깊게 숨을 쉬면서 자신을 지금 여기로 데려온다. 숨을 깊게 들이쉬고 천천히 내쉰다. 깊은 들숨과 날숨이 자연스럽게 흐르도록 한다. 그리고 지금 여기에 있는 자신을 느껴보라. 왜 내가 이 용서 명상을 하려는지 잠시 그 의도를 느껴보라.

이제 내가 다른 사람에게 해를 입히거나 상처를 준 경우부터 마음에 떠올려보자. 이는 용서를 구하는 과정이다. 살아오면서 우리는 어떤 식으로든 말과 행동을 통해 타인에게 크고 작은 고통을 주었다. 그때를 떠올려보라. 어쩌면 지금도 나는 주위 사람들에게 나쁜 영향을 주고 있는지도 모른다. 그때가 뚜렷이 떠오르지 않으면, 타인에게 상처를 입혔을지 모른다는 두려움과 걱정이 있는 그 지점을 느껴보라.

이제 나의 말과 행동으로 상대방이 느꼈을 감정을 상상해보라. 기분 나쁨, 불쾌함, 무안함 그리고 거절당한 느낌, 이해받지 못한 느낌, 커다란 실망감, 분노, 화 등 감정의 크고 작음을 고스란히 느껴보라. 이제 상대의 이름을 떠올려보라. 소리 내어 불러도 좋다. 어떤 감정이 일어나는가? 미안함과 안쓰러움이 뒤섞여 있을 것이다. 그들에게 지금 마음의 과정을 설명하고 용서의 말을 꺼내보라.

"지금 나는 당신에게 입힌 상처를 보고 느낍니다. 부디 나를 용서해주세요."

그 다음 당신이 정말 용서를 받을 진심이 있는지 잠시 자신의 가슴을 느껴본다. 이즈음에서 당시, 그러니까 내가 상대에게 말과 행동으로 상처를 준 뒤 나는 어떤 감정을 느끼고 있었는지 감지해보라. 화가 났는가? 쾌감을 느꼈는가? 조롱하는 마음이었는가? 두려웠는가? 내가 왜 그랬는가에 대한 후회인가? 자책인가?

그리고 그에게 용서를 구하는 지금, 그때의 나의 감정이 어떻게 변화되었는지 느껴보라. 지금 나의 용서를 상대가 받아줄 것인가를 생각하면 나의 진심과 인간성을 자각해볼 수 있을 것이다. 나의 인간됨을 확인했다면 이제는 스스로를 용서할 단계다. "내가 지금까지 했던 나쁜 행동과 나쁜 말들을 나는 알고 있으며 그런 나 자신을 용서하겠습니다."라고 속삭여보라. 이것은 나의 잘못을 묵과하려는 것이 아니다. 자신을 나쁜 사람으로 만드는 것도 아니다. 스스로에 대한 용서에는 이해와 자신에 대한 친절이 담겨 있다. 그래야 다른 사람을 용서하는 단계로 나아갈 수 있다.

이제 자신이 다른 사람으로부터 상처를 입어 분노하고 비난을 쏟아내는 경우를 마음에 떠올려보자. 누군가가 당신에게 해를 입힌 구체적인 상황을 떠올려보라. 당신이 가슴을 막아버린 이면에 무엇이 있었는가? 당신이 화를 낸 이면에는 무엇이 있었는가? 그때 상황을 다시 떠올려보고 그곳에 있는 어떤 배신감이나 무시당한 느낌, 학대당한 느낌, 오해, 거부 등과 다시 접촉해보라.

그리고 자신의 몸에서 무슨 일이 일어나고 있는지도 관찰한다. 다른 사람이 당신에게 입힌 가슴의 상처나 분노, 두려움의 느낌을 관찰하라. 그리고 그 느낌이 있는 그대로 온전히 드러나도록 하라.

과거의 그 상황을 머릿속으로 회상하면서 자신의 몸에서 일어나고 있는 일에 주의를 기울인다. 가슴에 손을 얹는 것도 좋다. 그러나 우선 자신이 상처 입은 그곳에 가능한 한 커다란 현존을 가져가도록 하라. 이런 구절을 되뇌어도 좋다. "나는 그 괴로움을 돌보고 있다. 내가 여기에 있어. 미안해, 그리고 사랑해." 가장 상처 입었다고 생각되는 곳에 진심으로 돌봄의 메시지를 보내는 것이다.

어떠한 상처가 그곳에 있든 자신의 돌봄을 느껴보라. 자기 존재에 대한 당신의 돌봄을 다만 느껴보라. 그리고 준비가 되었다고 생각되면 다른 사람도 포함시켜 느껴보라. 자신을 친절로 감싸 안으면서 그 친절과 지혜의 눈으로 다른 사람을 바라보라. 그리고 그 사람의 행동 이면에 있는 나약함과 두려움, 상처 그리고 그의 인간됨을 느껴보라. 다만 그 사람에게 진실일 수도 있는 것들을 살펴보고 느껴볼 수 있는지, 자신에게 그러한 의도성이 있는지 살펴보라. 그 사람의 취약함, 그 사람의 있는 그대로의 모습을 바라보면서 당신은 이런 용서의 메시지를 보낼 수 있다. "당신이 내게 안겼던 고통을 나는 보고 느낄 수 있어요. 그리고 이제 당신을 용서합니다." 만약 용서할 준비가 되지 않았다면 '용서하려고 하는 것이 나의 의도입니다. 용서하는 것이 나의 의도입니다. 나는 당신이 내게 안긴 고통을 보고 느낍니다. 이제 나는 당신을 용서합니다. 지금 당신을 용서하려고 합니다.'와 같이 말할 수도 있다.

여기까지 이르면, 상대방에 대한 어떠한 고정관념도 내려놓고 지금 여기에 있는 자기 자신을 살펴본다. 우리가 방금 말한 것과 같은 간단한 방식으로 지금 여기 존재하고 있는 자신을 축복한다. 지금 당신의 몸과 마음에서 일어나고 있는 어떤 일이라도 축복하라. 단절되어 있다고 느끼든 아니면 무감각하고 졸립다고 느끼든 혹은 매우 취약하다고 느끼든 아니면 상처 입거나 평화롭다고 느끼든 지금 자신의 몸에서 일어나고 있는 과정을 다만 존중해주어라. 그것에 인사하라. 왜냐하면 이제 그것은 정말로 괜찮은 것이기 때문이다.

루미가 쓴 시의 한 구절이다.

잘함과 잘못함이라는 생각 너머에는

널찍한 뜰이 존재하고 있지.

나는 거기서 당신을 만나리.

영혼이 그 풀밭에 누우면

그곳은 말할 거리로 너무나 넘쳐나는 곳

하지만 생각과 언어,

심지어 '서로'라는 말조차도

그곳에서는 무의미한 것이 되고 말지.

누구의 삶도
잘못된 것이 아니다

7장

고통과 슬픔에
정중한 인사를 올리다

명상 수업 전에 나는 명상의 효과와 실제 경험 사례를 간략하게
설명해준다. 자발적인 참가자들은 눈빛을 빛내며 경청하지만, 주위
의 권유나 이런저런 이유로 참석한 이들은 뭔가 불만이 섞인 얼굴
로 바라본다. 그들은 실제 명상에서도 진심을 다하지 않으며 반응
도 더디다. 그들은 지금까지의 습관적인 생각들, 익숙한 경험들에
변화를 준다는 것 자체가 귀찮고 싫을 뿐이다. 더 깊이 들어가면 그
들은 스스로에게 진심으로 관심을 기울여본 적이 거의 없다. 지금
나를 힘들게 하는 고통과 상처들이지만 너무나 오랫동안 길들여진

것이다. 오래되어 몸에 붙어버린 갑옷처럼 말이다.

이 녹슬고 무거운 갑옷을 벗어버릴 수 있는 방법은 스스로에 대한 관심과 사랑이다. 불교에서 사랑은 곧 '자비'다. 자비란 나 자신에게 친절해지는 것이다. 자비로운 마음으로 자신을 돌볼 때 내 안의 황금(본성 · 불성)을 볼 수 있다. '어차피 나는 명상 따위 기대하지도 않아. 내가 시도한 일은 제대로 된 게 없었잖아.'라는 자기비판의 칼을 자비로운 마음으로 보듬는다면, '그래, 지금까지 제대로 된 일은 없었어. 하지만 그건 어쩔 수 없었어.'로 변화될 수 있다. 나를 향한 자비는 자신의 고통을 자각하는 데서 시작한다. 자각은 아프다, 힘들다, 괴롭다는 그 마음에서 달아나기를 멈추는 것이다.

여기서 잠시 멈춤에 대해 생각해보자. 멈추지 않으면 우리가 얼마나 습관적인 생각에 사로잡혀 있으며, 몇 가지 반복되는 삶의 방식에 매여 사는지 알지 못한다. 우리는 늘 지금보다 나아지기 위해, 우리가 정한 목적지에 도달하기 위해 끊임없이 움직여왔다. 하지만 멀리 가지 못한다. 어느 날 문득 우리는 여전히 그 자리에 머물러 있음을 알게 된다. 쉼 없이 앞으로 나가는 것이 곧 살아있음이라고 생각하던 것에서 오히려 멈춤을 통해 달라지고 변화할 수 있는 기회를 가질 수 있게 된다. 멈춤으로써 우리는 모든 것과 새롭게 관계 맺을 수 있다. 지금까지 습관적으로 이루어졌던 것과의 연결을 끊는 것이야말로 내면 치유의 핵심이다.

훌륭한 부모 역할에서 '멈춤'이 어떤 역할을 하는지 잠시 살펴보자. 아이를 이해하기 위해서는 먼저 부모에게 아이를 향한 온갖 활동과 행위를 멈추고 돌아보겠다는 의지가 있어야 한다. 보통 부모들은 아이에게 무언가를 바라고 끊임없이 만들어내려 한다. 아이의 행동과 생각, 말까지 부모가 생각하는 대로 되어주길 원한다. 이때 아이와 부모는 제대로 연결되지 않으며, 부모는 아이의 진짜 모습, 즉 아이의 현재를 볼 수 없게 된다. 아이의 있는 그대로의 모습을 깨달아야 부모는 그 다음 단계로 아이와의 관계를 발전시킬 수 있다.

우리 내면의 삶도 마찬가지다. 모든 것을 멈추고 진정으로 주의를 기울일 때만이 진짜 내 모습을 발견하게 되고, 나 자신과의 우정을 발전시킬 수 있다. 멈춤 그리고 주의를 기울임, 집중, 그 다음 단계에서 우리는 스스로에게 물어야 한다. '지금 나에게 일어나는 것은 무엇인가. 무엇이 진실인가.' 이 질문의 힘은 매우 강력하다. 물음에 대답하는 순간, 바로 이 순간을 직시하고 놓치지 않기 때문이다.

예를 들어 만약 지금 내가 몹시 화가 나 있다면, '내가 지금 화가 났구나.' 하고 솔직하게 인정하고, '화가 남'이라고 이름 붙이는 것이다. 이것을 단순하게 '이름 붙이기'라고 하자. 관찰한 것에 이름을 붙이는 명상은 다양한 문화권에서 활용되는 것이기도 하다. 고대 사회의 주술사들은 자신이 두려워하거나 미워하는 대상에 특정한 이름을 붙이도록 했다. 그들은 두려움을 피하지 않음으로써 오히려 자유로울 수 있음을 알고 있었다.

매 순간 우리가 느끼는 자각에 이름을 붙이는 것은 바로 지금을 확인하겠다는 의지다. 만약 체중조절 중인 비만 여성이 패스트푸드 가게 앞을 지날 때 '이름 붙이기'를 한다면, '패스트푸드 가게를 보다.' '먹고 싶다.' '그러나 나는 배가 고프지 않다.' '어떻게 할 것인가.' 하는 선택의 방향까지 나아갈 수 있다. 또 어떤 일로 분노하여 손에 잡히는 물건을 집어 던지려 할 때 '화가 났다. 화가 났다.'고 계속 이름 붙이기를 한다면 번쩍 든 손을 내려놓을 수 있게 된다. 어디로 흐를지 모르는 생각의 흐름을 끊어내 현재를 살도록 하는 것이다.

이름 붙이기는 아주 단순하게 시작해야 한다. 그것은 '안녕?' 하고 인사하는 것과 같다. '나모Namo'는 인도의 만트라(주문)로 '절하다'라는 의미다. 이름 붙이기를 할 때 절하는 느낌을 가지면 좋다. 절에는 깊은 존중이 담겨 있다. 사려 깊은 관찰이다.

우리는 누구나 어딘가 깊은 곳에 수치심이나 외로움, 두려움을 간직하고 있다. 그것들은 무척이나 단단하게 나를 감싸고 있어서, 그것에 이름을 붙여 인식하더라도 받아들이기가 어렵다. 정말 진심으로, 마음 깊은 곳에서 인정하지 않는다면 그저 되뇜, 중얼거림으로 끝나버린다. 마치 겁 많은 사슴이 주변 환경이 안전하다고 느껴질 때까지 자신의 모습을 풀숲에 감추고 있는 것과 같다. 사슴이 숲에서 뛰어나올 수 있도록 안전한 공간을 만들어주는 것처럼, 나의 자각에 대한 깊은 존중, 절을 하는 심정으로 관찰한다면 나의 감정들을 자연스럽게 받아들이게 된다.

우리는 다른 사람을 위해 시간을 내주고 그의 마음을 살피고 인정해준다. 그와 같은 마음으로 나를 대접하고 돌보아야 한다. 나에 대한 이러한 진지한 자세 역시 쉽지 않다. 오히려 우리는 내면의 삶을 무시하고 거부하는 것이 습관화되어 있다. 수없이 일어나는 감정에 휩쓸려 쫓아다니며 그것을 '나'라고 생각한다. 이름 붙이기, 즉 '지금 나에게 일어나는 것은 무엇인가. 무엇이 진실인가.'라고 순간순간 질문을 하는 것은 삶을 무시하는 습관을 부수는 작업이다.

어떤 이들은 "현재를 목격하는 것이면 됩니까?"라고 묻는다. 우리가 멈춰서 분노와 수치심, 두려움 등 우리를 고통스럽게 하는 것을 바라보기만 하면 되느냐는 질문이다. 맞다. 그러나 관찰하고 자각하는 것에서 그치면 안 된다. 물론 멀찌감치 떨어져서 관찰하는 것에서 시작하지만, 본격적인 치유는 아주 가까이 다가가야 한다. 온몸으로 품어 안을 때 우리는 진정한 변화와 깨달음을 얻으며 자유로워지게 된다.

5백 년 전 한 비구니가 자신의 삶과 수행에 대해 이렇게 표현했다. "나는 나의 온몸으로 삶을 삽니다." 또 다른 비구니는 이렇게 말했다. "나에게 어떤 일이 닥치더라도 나는 '감사합니다.'라는 말로 대응합니다. 어떤 불평불만도 없습니다. 오직 감사뿐입니다."

온몸으로 삶을 느끼고 경험한다는 것은 나에게 닥치는 모든 것들을 거부하지 않고 받아들이는 것이다. 우리 집을 찾아오는 모든 손님을 환영하고 친절하게 맞는 것처럼, 내 삶에 찾아드는 모든 것을 환영과 감사의 마음으로 불평하지 않고 경험하는 것이다. 이렇게 삶을 살아갈 수 있다면, 무조건적인 수용의 자세로 살아갈 수 있다면 거기에는 삶도 죽음도 너끈히 받아 안는 여유를 갖게 된다. 그리고 거기에는 깊은 용기가 샘솟는다. 이것은 삶이 우리에게 어떤 카드를 내밀더라도 그것에 의연히 대처할 수 있다는 일종의 자신감이다.

몇 년 전 내가 통찰명상협회에서 수련생들을 가르칠 때였다. 알츠하이머를 앓고 있던 한 남자가 나를 찾아왔다. 그는 현재 자신의 몸 상태를 분명히 알고 있었다. 의사에게 숨기지 말고 정확하게 말해달라고 부탁까지 했다. 그의 뇌는 차츰 알츠하이머의 증세가 나타나고 있었다. 때때로 정신이 멍해지거나 말을 전혀 하지 못했다. 그러나 그는 자신의 병에 대해 담담했다. 놀라운 점은 앞으로 자신의 몸 상태가 어떻게 변해갈지 호기심마저 느끼고 있다고 했다. 분명 그의 말투와 표정에는 슬픔이 묻어 있었지만, 그러한 유머 감각은 그 슬픔을 가볍게 해주었다. 내가 물었다. "지금 당신의 상황을 유쾌하게 받아들이는 특별한 방법이 있나요?" 그가 말했다. "물론 고통스러운 것은 맞지만 두렵지는 않아요. 내 잘못은 아니니까요. 그러니 이왕의 고통이라면 받아들이자 싶은 것이지요."

우리 삶의 모든 순간을 살아내겠다는 의지, 매 순간 나의 삶이 잘못되지 않았다고 볼 수 있는 용기를 가져야 한다. 심지어 죽음조차도 말이다. 거기에서 일어나는 가슴의 위대함은 삶을 품어 안을 수 있을 만큼 넓고 깊고 크다. 가슴의 위대함을 발견할 때 우리는 진정한 우정과 돌봄으로 내 경험의 파도와 관계를 맺을 수 있다. 가슴으로 느끼는 관계를 계발하면, 내면의 경험과 계속해서 새롭게 친구가 된다. 우리가 움츠러들 때, 의기소침해질 때에도 이름을 붙이고 부드럽게 관찰하고 가슴을 열고 친구로 받아들여 보라. 그 어떤 것도 잘못되었다는 생각이 사라지고 진정한 자유를 느낄 수 있을 것이다.

모든 것을 덮어주는 말, '그랬었구나'

"나는 고아였어요. 외조부모와 함께 살았지만 고아라고 생각했어요. 그래서 늘 주눅이 들어 있었죠. 조부모들에게는 늘 명랑한 척했지만 마음속으로는 한시도 고아라는 생각에서 떠나본 적이 없었어요. 학교에서 아이들과도 어울리지 못했어요. 나를 무시한다고 생각했거든요. 그래서 강한 척했어요. 자주 화를 내기도 했고 화장도 진하게 하고 다녔어요. 같은 상처를 가진 친구들끼리 모여 다니긴 했지만 그네들은 친구가 아니었어요. 마음을 나누지 못했으니까요. 언젠가 까만 머리카락을 가진 아이가 나에게 말을 걸어왔죠. 화장법을 가르쳐달라고 했어요. 하지만 그 친구는 좀 바보 같아서 내가 그 애랑 어울리면 안 될 것 같았죠. 나는 퉁명스럽게 꺼지라고 했어요. 어느 날 할머니에게서 꾸중을 듣고 근처 공원을 혼자 걷는데 그 까만 머리 아이가 가족들과 소풍 나와서 놀고 있었어요. 내가 한참 그쪽을 쳐다보았나 봐요. 그 애랑 눈이 마주쳤어요. 그러자 그 애가 잠시 머뭇거리더니 조그맣게 웃었죠. 나는 얼른 눈길을 돌려버렸어요. 무시한 거죠. 초여름치곤 햇살이 꽤 뜨거운 날이었는데 나는 소름이 돋았어요. 그 소름이 잊히지가 않았어요. 아직도 가끔 생각나요. 그럼 괜히 화가 나죠."

어느 방송 프로그램에서 그녀는 이렇게 털어놓고 있었다. 고아라는 열등감 속에서 힘들게 보낸 어린 시절을 서른이 넘은 지금 스스로에게 고백하는 것이었다. 얼마나 오랫동안 자신이 고아라는 사실, 스스로 무가치하다는 족쇄에 걸려 있었는지 그녀는 진심으로 자신을 애도하고 안타까워했다.

"단지 부모가 이 세상에 없었을 뿐인데 나는 왜 그걸 인정하지 못했던 걸까요. 그래서 나는 많은 걸 잃었어요. 슬퍼하고 우울해하고 화를 내느라 아무것도 못 했죠. 까만 머리 아이랑 친구가 될 기회도 놓쳐버린 거예요."

여자는 외로움과 두려움에 떠는 어린 소녀, 그것을 감추려 힘을 과시하는 소녀를 지금 이 자리로 불러왔다. 온몸으로 소녀의 외로움과 분노, 두려움을 느꼈다. 그리고 그것 때문에 삶을 제대로 살지 못했다는 자책과 비난을 어루만졌다. 그것은 그녀의 잘못이 아니었음을 인정하자 그녀는 소녀의 외로운 어깨를, 불만족스러웠던 어린 시절을 모두 껴안을 수 있었다. 자기를 연민하고 사랑하는 마음이 깊어지는 순간이었다.

애도는 고통스러운 일이지만 한편으로 좋은 소식이기도 하다. 자신을 진심으로 애도할 때 비로소 우리는 자기 자신에 대해 자각하고 돌볼 수 있는 용기가 생긴다. 새롭게 돋아난 우리의 정체성은 더이상 '부족한 자기'라는 파도에 이리저리 휩쓸리지 않는다. 비록 삶은 조금도 달라지지 않고 삶의 조건들은 여전할지 모르지만 변화된 정체성은 더 이상 삶을 두려워하지 말라고 용기를 주는 것이다. 치유는 우리의 새로운 자각으로 상처가 된 과거의 경험을 다시 경험하는 것이다. 하나하나 다시 영적인 체험으로 경험하며 '그때 그랬었구나.' 하면서 용서하는 과정이다. 이것은 곧 나 자신을 치유해주고 지켜줄 유일한 방법인 '사랑'에 마음을 활짝 여는 일이다.

그러한 자각에 이른 우리는 수치심, 두려움, 질투심 등 우리 안에서 일어나는 어떤 것이라도 하나의 신성神性으로 경험할 수 있게 된다. 그리고 깊고 연민에 찬 자각은 다가오는 삶의 모든 것을 담담하게 경험할 수 있도록 한다. 루미의 시를 감상해보자.

그대를 바라볼 때 비로소 내 눈은 나에게서 거두어지네.

그대의 신성이 내 온몸을 가득 채우네.

이제 나는 기꺼이 가벼워지려네.

온갖 문제에 대한 내 의견을 접어두려네.

나, 그대 숨결의 갈대피리가 되리.

그대가 내 손안에 있었음에도

나는 다른 걸 향해 손을 뻗고 있었지.

나 역시 그대 손안에 있었음에도

아무것도 모르는 사람들이나 하는 질문을 던지고 있었지.

나를 사랑하기 시작하면
욕심 그릇이 작아진다

'나는 누구인가.' 이런 질문을 받는다면 당신은 뭐라고 대답할 것인가. 있는 그대로, 아무것도 덧입혀지지 않은 순수한 '나'는 누구인가. 이 질문에 정확하게 답하는 사람은 세상에 없을지도 모른다. 우리는 자신을 오해하고 잘못 판단한다. 스스로를 모르거나(알려고 시도조차 안 하거나), 혹은 잘못 알고 삶을 마치는 이들도 많다.

'똑똑한 개'에 관한 재미있는 이야기다. 어떤 남자가 몬태나의 산간 오지를 운전해 가던 중 낡은 오두막 앞에 '말하는 개 판매'라고 적힌 팻말을 보았다. 호기심을 느낀 남자가 오두막의 초인종을 눌렀다. 안내문을 보고 왔다고 하자 주인은 뒤뜰에 있는 개를 보여주었다. 남자가 개에게 물었다. "너 진짜 말할 줄 아니?" 그러자 개가 "네."라고 답했다. 놀란 남자가 다시 물었다. "그럼, 네 이야기 좀 해봐." 개가 별것 아니라는 듯 줄줄 읊어대기 시작했다.

"어릴 때 내가 인간의 말을 할 줄 안다는 걸 알았어요. 나는 미국을 돕고 싶었어요. 그래서 CIA에 연락을 했더니 그들이 즉시 나를 데리러 왔어요. 나의 임무는 대통령이나 고위 관리직들이 세계 정상들과 회담할 때 그 옆에 앉아 정보를 엿듣는 거였어요. 누구도 개가 말을 알아들을 거라고는 생각하지 못했지요. 나는 8년 동안 최고의 스파이로 살았어요. 하지만 비행기를 타고 전 세계를 돌아다니는 것은 무척 피곤한 일이었죠. 그래서 한곳에 정착했어요. 주로 공항의 첩보 요원으로 일했는데, 저는 믿을 수 없는 위험한 거래를 밝혀냈고 상도 많이 받았어요. 이제는 은퇴해서 이렇게 시골 구석에서 살고 있지만요."

남자는 몹시 흥분하면서 주인에게 개를 사겠다고 하고는 값을 물었다. 주인이 심드렁하게 "10달러요."라고 대답했다. "네? 고작 10달러요? 이렇게 훌륭한 개를 왜 그렇게 싼 가격에 팔려는 거요?" 그러자 주인이 말했다. "왜냐하면 그 개는 거짓말쟁이예요. 방금 개가 말한 것은 전부 거짓이에요."

우리는 자신의 모습이 좋게 보이기를 바란다. 그래서 거짓된 자기를 열심히 만든다. 우리의 진짜 모습과 단절된 채 말이다.

아프리카의 반투족 사람들은 아이들이 잠자리에 들면 굿나이트 키스 대신 귀에 대고 이렇게 속삭인다. "네 본연의 모습이 되어라. 본연의 모습이 되어라." 본래의 자기로 돌아가기를, 자기 모습을 잃지 말라는 것이다. 그것은 아이에게 주는 축복의 말이다. 자기를 잃지 않고 사는 것이 가장 행복하게 사는 것이기 때문이다.

그 이야기를 듣고 큰 감동을 받은 나는 내 아이가 잠이 들 때면 똑같이 속삭였다. "본래 너의 모습으로 살아가거라. 네 모습을 언제라도 기억하렴." 그동안 아이를 키우면서 있는 그대로가 아닌 내가 원하는 모습대로 아이가 자라주기를 바랄 때가 많았음을 나는 인정해야만 했다.

아이뿐만이 아니다. 우리는 나 자신의 모습, 마음, 성격, 행동, 말 등 끊임없이 '나'를 만들어가며 그것이 '나'라고 믿는다. 그러나 사실 있는 그대로의 내 모습은 이미 언제나 한결같이 여기에 있어왔다. 다만 깨닫지 못하고 있을 뿐이다.

불교에서 의도하는 '깨어남의 초대'는 있는 그대로의 나, 지금 여기 존재하는 나를 깨닫는 것이다. 어떤 이들은 우리의 본래 모습을 깨닫는 것조차 지금보다 더 나은 모습이 되거나 지금과 다른 무엇이 되는 것이라고 생각한다. 이런 생각 또한 우리가 뭔가 잘못되어 있거나 부족하다는 생각에서 출발한다. 완전한 '나'는 지금 있는 그대로의 모습이다. 이것을 깨닫기 위해서는 사려 깊은 주의력으로 늘 나를 살피며 깨어있어야 한다.

우리 자신의 본연의 모습으로 편안하게 이완해 들어갈 수 있는 몇 가지 방법을 살펴보자. 불교심리학에서는 이를 'mindfulness' 즉 '깨어있기' 혹은 '마음챙김'이라고 한다. 이 단어들은 앞에서도 여러 번 강조했다. 깨어있기를 다시 정의하면, '의도적인 주의를 기울임'이다. 어떤 판단이나 기준 없이 의식적으로 매 순간 내가 느끼고 경험하는 일에 주의를 기울여 살피는 것이다. 깨어있기에 도움이 되는 방법 중 하나가 '이름 붙이기'다. 우리가 느끼는 감정과 상황, 경험에 구체적인 이름을 붙여주면서 관찰하는 것이다. 예를 들어, 출근 버스에서 잡념에 빠져 있었다면 차창 밖에 어떤 풍경이 펼쳐졌는지 모른다. 그러나 '내가 본다.'는 의도를 가지고 버스를 타고 왔다면 '우체국 – 도넛가게 – 은행나무 가로수 – 빨간 자동차' 등

눈앞을 스치는 '현재'를 바로 보았을 것이다. 연구에 따르면 현재 일어나는 현상에 이름을 붙여 관찰하면 뇌의 전두엽이 활성화된다고 한다. 이는 공간에 대한 감각, 자신의 경험과 관계 맺는 감각을 증가시킨다. 이러한 깨어있기를 통해 우리는 '나'와 감정, 경험을 분리하여 생각하게 된다. '감정＝나'라는 식으로 동일시하지 않게 된다.

생각에 빠져 있을 때도 '깨어있기'가 도움이 된다. 생각에 이름을 붙여 관찰하는 순간 그 생각 속에 덜 빠지게 되기 때문이다. 나는 이것을 종종 비행기를 타는 것에 빗대어 말한다. 비행기를 타고 구름을 지나갈 때에는 아무것도 볼 수 없다. 구름을 통과하고 난 뒤에야 파란 하늘을 볼 수 있다. 마찬가지로 생각이라는 구름에 빠져 있을 때는 아무것도 보이지 않으므로 온갖 상상으로 현실을 만들어 낸다. 이때 '아, 구름이군.'이라고 관찰하면 내가 만들어낸 허구임을 깨닫고 생각에서 빠져나올 수 있다. 그리고 구름 너머의 진실을 기억해낸다면 구름에 더는 마음을 빼앗기지 않는다.

깨어있는 데 도움이 되는 또 하나의 방법은 '몸의 감각 깨우기'다. 실제 우리가 살아가는 것은 몸을 통해 전해지는 경험들이다. 우리는 매 순간 보고 듣고 냄새 맡고 움직인다. 머릿속에서 파도처럼 끊임없이 일어나는 생각들 또한 몸의 느낌에서 비롯된다. 감각을 느끼는 순간 생각이 자동적으로 일어나는 것이다. 예를 들면, 누군가 내 발을 밟는 순간 고통을 느끼게 되고 "악!" 비명을 지르며 화를 내게 된다. 그러나 우리가 감각에 깨어있다면 '아프다는 감각'에 끌려가지 않을 수 있다. 단지 "아프다."는 느낌에 멈추면 화를 내지 않게 된다.

그러나 몸의 감각은 너무나 빨리 흩어지고 지나가 버린다. 감각, 몸의 느낌에 깨어있지 않으면 우리는 감각을 좇아 살게 된다. 우울감, 분노, 슬픔, 외로움 같은 부정적인 감각을 느끼는 '나'를 진짜 나로 생각하며 '나'를 잃어버리게 된다.

감각에 늘 깨어있도록 돕는 명상이 '보디스캔bodyscan'이다. 보디스캔은 발끝부터 머리끝까지 구석구석 감각을 느껴보는 것이다. 하루 중 가장 편안한 시간에 자리에 누워 눈을 감은 채 발가락, 발등, 다리, 배, 가슴, 팔, 눈, 코, 입, 머리끝까지 차례로 주의를 집중하면서 어떤 느낌이 드는지 관찰하는 과정으로 이뤄진다. 평소 무시해왔던 자기 몸을 아주 작은 부분까지 샅샅이 느껴본다. 이 과정을 자꾸 연습하다 보면 내 몸의 변화를 쉽게 감지할 수 있으며 이를 통해 현재 나의 감정, 느낌에 솔직해지면서 그것에 끌려다니지 않게 된다.

한 청년이 보디스캔 명상을 하면서 달라진 이야기다. 그는 언제인가부터 생선을 먹지 않았다. 어부였던 아버지는 그에게 고된 일을 시켰다. 생선 비린내는 힘들었던 시절을 떠올리게 했으며, 게으름을 피운다며 자주 몽둥이를 휘두르는 아버지를 생각나게 했다. 그는 날마다 보디스캔 명상을 연습하면서 냄새에 민감한 자신의 코를 편안하게 내버려 두고자 했다. 그러자 예전에는 비린내가 날 때마다 무의식적으로 인상을 찌푸리며 그 순간의 삶을 놓쳐버렸지만, 점점 아무렇지도 않게 받아들이게 되었다. '생선 냄새가 나는군. 아버지, 힘듦, 몽둥이, 아픔……' 그는 이렇게 몸의 감각을 느끼면서 '괜찮아. 아무렇지도 않아. 옛날 일이야. 이것 때문에 지금을 망칠 수는 없어.'라고 생각을 바꾸었다. 어릴 때부터 차곡차곡 쌓여 있던 고통이 '감정의 깨어있음'을 통해 긍정적인 에너지로 변화된 것이다.

그 밖에 깨어있기를 돕는 방법으로 '닻 이용하기' '만트라(주문) 외우기' '호흡법' 등이 있다. 모두 일종의 홈베이스로, 주의 집중력을 닻, 호흡, 주문에 모이도록 한다. 집중이 흐트러졌을 때 얼른 홈베이스로 다시 돌아오도록 하여 매 순간 깨어있도록 하는 것이다.

명상은 크게 '계속해서 돌아오는 것' 그리고 '지금 여기에 존재하는 것'으로 나눌 수 있다. 이 둘은 따로 떨어진 것이 아니라 하나다. 결국 이 둘을 통해 우리가 터득하고자 하는 것은 머무는 것, 즉 현재를 살아가는 것이다. 불편한 것은 당장 피하고 고통은 없애고 외로움은 느끼지 않으려는 그런 '도망'이 아니라 그대로 받아들이면서 치유하도록 이끄는 것이다.

깨어있기 연습은 처음에는 어렵게 느껴진다. 현재를 벗어나려는 데 익숙해 있기 때문이다. 그것은 마치 미끄러운 언덕을 오르는 것과 같다. '지금 여기'라는 고요한 장소에 도달하려 하지만 중력이 자꾸만 밑으로 끌어당기는 것이다. 일상의 쳇바퀴를 도는 것처럼 말이다. 그러나 계속해야 한다. 하루 10분 동안 조용히 앉아 있는 것만으로도 우리는 일상의 들뜸과 바쁨이 차분하게 가라앉는 것을 느낀다. 그런 여유를 가진다면 나를 찾아가는 우리의 여정은 매우 아름다울 것이다.

진정한 자비를 깨우는 통렌 수행

세상의 온갖 고통을 내 안에서 꽃피우다

통렌Tong-len 수행은 티베트의 전통적인 자비 수행법이다. 통렌은 티베트어로 '주고받기'를 뜻하는, 일종의 호흡 수행법이다. 호흡은 생명과 직결된다. 맑은 공기를 들이쉬고 몸 안의 나쁜 공기를 바깥으로 내보냄으로써 생명을 유지하는 것이다. 통렌 수행의 호흡은 이와 반대다. 숨을 들이쉴 때 다른 사람의 고통과 슬픔을 들이마시고, 다시 내쉴 때는 내 안의 밝은 빛과 좋은 기운을 밖으로 내보내는 것이다. 타인의 괴로움을 내가 끌어안고 타인의 행복을 위해 진심으로 기도하는 명상이다. 자, 지금부터 모든 존재가 공존하고 평화를 이룰 수 있는 연민과 자비를 내 안에서 깨워보라.

주의를 기울여 자신의 몸 전체를 죽 훑어보며 편안하게 이완한다. 몇 차례 심호흡을 하며 가슴을 활짝 연다. 먼저 자신의 삶에서 힘든 부분, 어려움을 느끼는 부분, 두려움과 상처, 분노와 슬픔을 일으키는 상황을 마음에 떠올린다. 그 상황에 가까이 접촉하면서 당신을 화나게 만들고 두려워하게 만드는 것이 무엇인지 알아본다. 그것이 내 몸의 어딘가에 통증을 일으키고 있는지 그 부분을 온전하게 느껴본다. 머리, 가슴, 배 등을 차례로 접촉하며 자신이 두려워하는 것 그리고 원하는 것을 느껴본다.

이제 호흡으로 주의를 집중한다. 들숨과 함께 내가 여기에 있는 것을 허용한다. 그리고 날숨과 함께 보다 큰 자각의 공간, 연민에 찬 자각의 공간으로 넓힌다. 숨을 들이쉴 때 만약 두려움이 있으면 그 두려움과 접촉한다. 숨을 내쉬면서 그 두려움을 바다에 품어 안을 수 있는 파도라고 생각해보라. 날숨과 함께 생겨나는 넓은 공간을 자각해본다. 자각이라는 공간 속으로 자신의 경험을 풀어 흩어지도록 놓아둔다.

고통과 함께 현존하는 이곳에서 이제 당신과 마찬가지로 고통을 겪고 있을 누군가를 마음에 불러낸다. 당신과 비슷한 괴로움으로 힘들어하는 누군가를 떠올린다. 특별히 누군가가 떠오르지 않는다면, 당신이 느끼는 것과 똑같은 수치심과 두려움, 상처의 느낌을 경험할 것이라고 생각되는 다른 사람을 떠올려도 좋다. 그리고 그 사람을 위하여 숨을 들이쉰다. 마치 당신이 숨을 들이쉬면서 그 사람의 고통이 당신의 가슴을 건드린다고 생각해본다. 기꺼이 그 사람의 고통과 접촉하겠다는 의도로 숨을 들이쉰다.

이어 날숨과 함께 그 고통이 자각이라는 더 큰 공간으로 흩어지도록 한다. 존재의 온전함 속으로 흩어지게 한다. 당신과 마찬가지로 고통을 겪고 있는 모든 존재들을 느껴볼 수도 있다. 나아가 우리 모두를 위해 숨을 들이쉬어 볼 수도 있다.

고통의 흐름이 당신 안으로 들어오게 한다. 그것이 당신을 통과해 가도록 한다. 그리고 날숨과 함께 그것을 자각이라는 광대한 공간으로 내보낸다. 이제 매우 힘든 시기를 겪고 있는, 당신이 사랑하는 한 사람을 마음에 떠올려본다. 그가 처한 상황을 느껴본다. 그에게 일어나고 있는 일을 상상한다. '이 사람을 힘들게 하는 어려움은 얼마나 큰가?'라고 헤아려보는 것이다. 그 사람이 느끼는 실망과 실패, 상처와 두려움이 어떠한 느낌인지 느껴본다.

그 사람의 경험 속으로 들어가는 것, 그 사람의 눈으로 세상을 보는 것, 그 사람의 가슴으로 느끼는 것이 과연 어떤 느낌일까 상상해본다. 숨을 들이쉴 때 그 사람의 고통, 그 사람이 겪고 있는 괴로움을 온전히 경험한다.

그리고 숨을 내쉴 때 그 사람의 괴로움이 넓은 공간으로 흩어지는 것을 상상한다. 또는 이런 기도를 함께 해주어도 좋다. "당신이 괴로움에서 벗어나기를, 당신이 편안함을 되찾기를, 당신이 평화를 발견하기를 기도합니다."

고통받는 존재가 당신의 가슴에 안겨 있음을 연민의 가슴으로 느껴본다. 그 사람에게 계속 주의를 기울이면서 이제 당신이 자각하고 있는 그 사람의 좋은 점을 찾아서 느껴본다. 모든 사람은 고통을 만들어내는 조건을 갖추고 있지만 한편으로는 자기 안을 밝게 비추는 선함, 즉 황금의 불성을 가지고 있다. 잠시 동안 이 불성을 느껴본다. 그 사람의 영혼, 그 안에서 환하게 빛나는 빛을 본다.

자, 마음이 움직이는 대로 어떤 축복의 말이라도 그에게 전해준다. 가면을 벗고 당신을 바라보는 그의 얼굴을 마주 본다. 그에게 전해주고 싶은 기도는 무엇인가 생각해본다. 이제 차례로 친구, 가족, 동료 등 마음에 떠오르는 누구라도 그가 가진 인간적인 취약함을 느껴본다. 그리고 그들 안에서 밝게 빛나는 신성함을 느껴본다.

20세기 가톨릭 영성 작가 토머스 머튼은 이런 글을 남겼다.

갑자기 나는 그들 가슴의 비밀스러운 아름다움을 보았습니다.
그 가슴의 깊이를 보았습니다.
지식으로는 도달할 수 없는 아름다움과 깊이를 보았습니다.
실재의 핵심을 보았습니다.
신성의 눈으로 바라본 우리 자신의 모습을 보았습니다.
그들이 있는 그대로의 자신을 볼 수 있다면,
우리가 항상 그렇게 서로를 바라볼 수 있다면
전쟁과 증오, 탐욕과 잔인함은 더 이상 필요하지 않을 것입니다.
우리가 있는 그대로의 자신의 연약한 모습을 드러낸 상태에서도
서로 존중할 수 있다면 얼마나 좋은가요.

4부

∞

나를 향한 사랑이 우리를 향한 사랑으로

"내가 행복하기를, 나의 번뇌와 고통이 없어지기를 기도합니다. 내가 좋아하는 사람들이 행복하기를, 번뇌와 고통이 없어지기를 기도합니다. 살아있는 모든 생명들이 행복하기를, 번뇌와 고통이 없어지기를 기도합니다. 내가 싫어하는 사람들도 행복하기를, 번뇌와 고통이 없어지기를 기도합니다. 나를 미워하는 사람들도 행복하기를, 번뇌와 고통이 없어지기를 기도합니다······."

불교식 기도문의 일부다. 내가 미워하는 사람들의 행복을 바라고, 나를 싫어하는 사람들의 번뇌와 고통이 없어지기를 바라는 마음, 나아가 모든 생명들의 평화를 염원하는 이 기도에 담긴 사랑은 얼마나 큰가. 기도는 가장 먼저 '내가 행복하기를' 바라는 것에서 시작한다. 모든 사랑은 나에게서 시작되며, 진정으로 나를 사랑해야 자연스럽게 타인에 대한 사랑으로 발전할 수 있기 때문이다.

나를 진정으로 연민하고 애도하고 용서하면 타인의 아픔도 내 것처럼 느껴진다. 온갖 걱정과 고통, 위험으로 가득 찬 세상에서 다른 이들 역시 힘들게 살아가는 애틋한 존재임을 느끼기 때문이다. 그 사랑을 깨달을 때 우리는 보잘것없는 존재, 열등한 존재, 못나고 부족한 존재에서 강인하고 완전한 존재로 거듭난다.

자기 돌봄의 마지막 여정은 자각을 통해 나의 선함, 그리고 타인의 선함을 발견하는 이야기다. 나에 대한 연민과 사랑이 어떻게 타인에 대한 사랑으로 이어지는지, 또 그 사랑이 다시 나에게로 돌아오는 신비로운 여정을 좇아보라. 자비와 사랑의 순환이라는 우주와 생명의 존재 원리 속에서 피어나는 '나'라는 꽃을 관찰해보라.

사랑은
고통 없이 완성되지 않는다

8장

만 가지 슬픔이
만 가지 기쁨이 되다

'내 삶의 모든 고통들이 깨달음으로 들어가는 문이다.' 이를 현실적인 말로 바꾸면 '지금은 힘들고 괴롭지만 결국에는 도움이 될 것이다.' 정도가 된다. 흔하게 주고받는 위로와 충고다. 그러나 괴로움과 고통의 한가운데 있는 사람들에게는 거부감이 먼저 들게 한다. '지금은 힘들지만, 참아봐.' 참는 마음을 기르는 것, 어떤 사람들은 명상을 이렇게 오해한다.

다시 말하지만, 명상은 참는 것이 아니다. 명상은 바로 지금, 이 순간을 깨닫는 것이다. 나에게 처해진 모든 상황들에 대한 인정이다. 피한다고 사라지지 않는 것과 마주하도록 한다. 그리고 그 일이 일어나기 전까지는 알지 못했던 내면의 힘, 사랑 그리고 용기와 접촉하며 괴로움 이후의 삶을 어떻게 살 것인가, 풀어가는 것이다. 괴로움 한가운데에서 이러한 용기를 내는 일은 여간 힘들지 않지만, 우리는 해내야만 한다.

그런데 우리 삶의 여정에는 한 번의 어려움, 한 번의 괴로움과 한 번의 고통만 있는 것은 아니다. 살아있음이 곧 괴로움이라고 한다. 태어나서 죽을 때까지 마치 끝없이 봉우리가 이어지는 히말라야의 설산들처럼 온갖 슬픔과 괴로움이 나열되어 있다. 봉우리 하나를 넘어서면 다른 봉우리를 만나고, 열심히 힘을 내서 그 봉우리를 넘지만 또 하나의 봉우리가 가로막는 것이 인생이다. 부처는 '만 가지 기쁨과 만 가지 슬픔'이라고 했다. 인생의 끝없는 희로애락을 가리키기도 하지만, 만 가지 기쁨이 만 가지 슬픔이 되고, 만 가지 슬픔이 만 가지 기쁨이 되는, 삶의 역설로 이해할 수 있다. 만 가지 기쁨과 만 가지 슬픔이 모두 나의 본성을 깨닫는 징검다리일 뿐, 나를 알면 만 가지 기쁨도 없고 만 가지 슬픔도 없다.

인생에서 가장 힘든 고통은 바로 지금 겪고 있는, '현재'다. 그래서 과거의 경험에서 깨친 사랑과 힘, 에너지를 현재로 가져오기란 쉬운 일이 아니다. 얼마 전 '타라'라는 여성으로부터 편지 한 통을 받았다. 내용은 이랬다.

"몇 달 전 선생님과 상담했던 사람입니다. 나는 지금 명상을 하고 있지 않습니다. 왜 안 하는지는 묻지 마세요. 지금 내 상태는 무척 나쁩니다. 뇌종양 4기입니다. 최악의 상황이죠. 나는 죽음을 어떻게 맞이해야 할지 조언을 구하고 있습니다. 아직 얼마간 시간이 남아 있기는 하겠지만 어쩌면 죽음은 생각보다 빨리 닥칠지도 모르겠군요. 나에게 보내주실 연구 자료 같은 것이 있다면 좋겠군요. 내가 제자리로 돌아올 수 있도록 말이에요."

타라는 오랫동안 명상을 하면서 단련되었으며 삶의 여러 가지 어려움을 통과해왔다. 그러나 완치 불가능한 병 앞에서 그녀의 모든 것이 흐트러져버렸다. 이것 또한 그녀의 잘못이 아니다. 우리는 삶의 어려움을 만날 때마다 그것을 받아들이고 화해하고 나아가야 할 뿐이다. 설령 그것이 마지막 죽음일지라도.

타라는 죽음을 마주하고 있지만, 사실 각자가 지금 현재 느끼는 고통은 타라의 '죽음'과 같은 무게일 것이다. 심리학자 잭 앵글러는 영적 여정의 길 전체가 사실은 놓아버리는 과정, 점점 더 깊은 차원에서 놓아버리는 과정이라고 말한다. 삶의 여정은 다만 놓아버리고 애도하고, 또 놓아버리고 애도하는 과정이 있을 뿐이다. 애도는 나에게 의미 있는 대상을 상실한 뒤 마음을 회복하는 과정이다.

모든 것들은 변화한다. 생명을 가진 존재는 결국 사라진다. 젊음은 스러진다. 내 곁의 사랑하는 사람도 언젠가는 떠나간다. 죽음을 맞는다. 좋아하는 모든 것들이 사라진다……. 삶은 이러한 상실의 연속이다. 상실을 받아들이고 애도할 때 진정한 치유는 시작된다. 애도의 마음을 내는 것은 쉽지 않다. 상실을 인정하는 순간 진짜 현실이 되어버리므로, 우리는 그 사실 자체를 견딜 수 없기 때문에 부정하려 드는 것이다.

그러나 진실은 바뀌지 않는다는 점에서 상실과 직면해야 한다. 그래야만 슬픔을 이겨낼 우리 안의 깊은 우물 속에 숨겨져 있는 힘과 사랑, 용기를 이끌어낼 수 있다. 그 힘과 에너지를 알고 믿는 것이야말로 삶을 풀어가는 나침반이다. 우리가 상실과 직면하지 않을 때 일어나는 일에 대해 데이비드 화이트는 '애도의 우물'이라는 표현을 들어 설명한다.

"여기 애도의 우물이 있다. 우물의 고요한 표면 아래로 들어가지 않는 사람, 숨도 쉴 수 없는 그 어두운 물속을 거부하는 사람은 그 비밀스러운, 차갑고 깨끗한 물이 어디서 나오는지 결코 알지 못할 것이다. 그리고 지금과 다른 무언가를 소원하는 누군가가 던진, 그 어둠 속에서 반짝반짝 빛나는 작은 금화도 결코 발견하지 못할 것이다."

무엇으로도 바꿀 수 없는
네 가지 상실

아픔이나 불쾌함, 나를 힘들게 하는 감정들과 함께하는 것에서 얻게 되는 가장 깊은 깨달음은 '내가 아프다.'는 것이 아니다. 그것은 단지 '아픔이 일어나고 있다.'라는 깨달음이다. 우리는 '아픈 사람은 나'라고 하는 좁은 자기만의 생각 속에 빠지기 쉽다. 이런 함정을 눈치채지 못하면 우리는 평생 힘들게 살아가게 된다. 나의 경험을 온전히 내 것으로 받아들이며 현존하기 위해서는, '내가 아픈 것이 아니라, 아픔이 일어나고 있다.'는 진실을 알아야 한다.

부처는 무엇으로도 바꿀 수 없는 네 가지 법에 대해 설했다. 네 가지 법이란 늙음, 병, 죽음 그리고 마지막으로 무無, 덧없음으로 돌아가는 것이다. 이에 관한 이야기가 불교 경전에 실려 있다. 하루는 부처가 프라세나짓 왕을 만나게 되는데, 마침 왕은 죽은 어머니를 되살리기 위해 수레에 온갖 재물을 싣고, 수백 명의 노예와 군인을 이끌고 염라대왕을 찾아가는 길이었다. 그것들은 어머니의 목숨과 바꿀 선물이었다. 왕은 슬픔 속에서도 어머니를 반드시 살려내겠다는 의지에 차 있었다. 부처는 프라세나짓 왕에게 설법했다.

"왕이시여, 너무 슬퍼하지 마십시오. 모든 사람은 죽음으로 돌아갑니다. 만물은 변하는 법이며 무엇으로도 바꿀 수 없습니다. 사람

몸에 닥친 네 가지 두려움은 무엇으로도 막을 수 없습니다. 온갖 금은보화와 주술이나 약초, 군대의 힘으로도 없앨 수 없습니다. 그 네 가지는 첫째, 젊음을 부수어 아름다움을 없애는 늙음이요 둘째, 건강을 부수는 병이요 셋째, 죽음이며 넷째, 모든 것이 덧없음으로 돌아가는 것입니다. 그러니 이 법法을 알아 왕의 마음에 근심의 가시를 없애도록 하십시오."

네 가지 법은 인간을 포함한 모든 생명 있는 존재들에게 똑같이 다가온다. 이것은 우리 삶에서 가장 큰 아픔이자 정신적인 고통이다. 네 가지의 법 앞에서도 우리는 매 순간 현존의 감각으로 깨어 있어야 한다. 그것을 통해 우리는 삶이 여기에 있음을, 사랑이 바로 이 자리에 있음을 알 수 있게 된다. 사실 이러한 법의 이치는 말로 전해지지 않는다. 온몸으로 절감할 때 진정한 그 의미를 알게 된다. 당연하게도 그러한 시절은 누구에게나 닥치지만 말이다.

남편을 잃은 한 중년 여인이 있었다. 남편이 죽기 얼마 전, 그녀는 남편과 함께 주말 집중명상에 참가했다. 아내가 담대해지길 바라는 남편의 배려였다. 부부는 가톨릭 신자였지만 명상이 자신들의 신앙을 더 돈독히 해준다고 믿고 있었다. 남편은 자신이 임종하기 전까지 목사보다는 아내가 함께 있어주기를 바랐다. 아내가 호스피스 역할을 맡게 된 것이다. 여인은 나를 찾아와 호소했다.

"죽어가는 남편을 위해 내가 무엇을 할 수 있나요?《티베트 사자의 서》 같은 책을 읽어줄까요? 아니면 불교 경전을 읽어줄까요?"

그때 나에게는 '죽음을 다루는 법'에 관한 자료나 책들이 많았다. 하지만 그녀에게 그런 자료들을 주지 않았다. 중요한 것은 죽음을 다루는 것이 아니라 남편과 함께 그녀가 현존하는 것이었다. 나는 그녀에게 어떤 일이 일어나더라도 남편을 옆에서 끝까지 지켜보라고 말했다. 무엇보다 그녀에게는 남편에게 무엇을 해주는 것보다, 지금 일어나는 상황에 "예."라고 말하는 것이 더 중요해 보였다.

올해 초 나는 토머스 키팅 신부와 '연민'에 관한 수업을 함께 진행했다. 그때 키팅 신부는 우리가 "예."라고 말할 때 그것의 진정한 의미는 "동의합니다."라고 말했다. 어떤 일이 닥치더라도 '아, 나에게 이런 일이 일어나고 있군. 괜찮아. 나는 동의해.'라고 인정하는 것이다. 나는 그녀에게 키팅 신부가 가르쳐준 이 말을 필요할 때마다 사용해보라고 했다. 그녀는 집으로 돌아가 명상을 하면서 자신에게 일어나는 어떤 일에도 '괜찮아. 동의해.'라고 연습했다. 하지만 여전히 어려운 일이었다. 그녀는 무의식적으로 바쁘게 시간을 보내려고 노력했다. 닥쳐올 남편의 죽음을 잊고 싶었기 때문이다. 어느 날 남편이 아내에게 자신은 죽음이 두렵지 않다고 말했다. 남편은 죽음에 대해 아내와 이야기를 나누고 싶었다. 그러나 죽음이라는 말 자체도 피하고 싶었던 그녀는 얼른 남편의 말을 가로막았다.

"여보, 그런 말 하지 말아요. 오늘도 당신은 내 곁에 있었잖아요."

그러자 남편은 말을 멈추었고 둘 사이에서는 어색한 침묵이 흘렀다. 그녀는 차를 끓여 오겠다면서 주방으로 갔다. 주전자에 물을 채우고 찻잔을 준비하면서 그녀는 내가 가르쳐준 말을 떠올렸다. '내가 이 순간을 진정으로 동의할 수 있기를 바랍니다. 이 순간에 사랑으로 현존할 수 있기를, 모든 것에 동의할 수 있기를 바랍니다.' 그러자 그녀의 가슴 깊은 곳에서 남편의 죽음과 그것에 대한 상실감이 진실이라는 것, 그리고 그 절망을 받아들여야 한다는 것을 깨달았다. 그녀는 이 순간에 대해 이렇게 말했다.

"순간순간에 더 많이 동의할수록 내가 무엇을 해야 하는지 더 잘 알게 되더군요. 언제 침묵하고, 언제 남편에게 노래를 불러줘야 하고, 언제 남편에게 말을 붙여야 하고, 어떤 대화를 해야 하는지 더 잘 알게 되었어요. 내가 어떻게 남편과 함께 있어주어야 하는지 알게 되었지요."

그런 충분한 동의를 통해 그녀는 남편을 보내주었다. 더 큰 사랑은 남편이 죽은 뒤에 찾아왔다. 그녀는 생의 마지막에 나누었던 편안한 공감과 감정들이 남편이 죽은 뒤에도 가슴에 남아, 남편의 영혼과 통하는 기분이 들었다. 남편과 함께했던 정신적인 사랑의 공간이 그녀 곁에 머물고 있었던 것이다. 그녀는 남편의 죽음과 상실에 동의하고 애도함으로써 무언가 영원한 것과 접촉할 수 있었다.

지금 이 순간과 함께하는 데는 아주 많은 연습이 필요하다. 나를 힘들게 하는 무엇에 접촉하는 것은 불편하고 성가시지만, 차근차근 그것을 다루는 법을 알고, 단단한 자세를 유지한다면 그것은 마음의 근육을 키우는 것과 같다. 한 번의 명상, 한 번의 깨우침이 중요한 이유다. 불치병에 걸려 죽음을 앞둔 어떤 여성이 마음챙김 명상을 하면서 느낀 점을 나에게 고백했다.

"내가 살날은 얼마 남지 않았어요. 나는 점점 약해지고 있지만 이렇게 명상을 하고 있는 데 대해 커다란 감사의 마음을 느낍니다. 명상이 가져다준 기쁨과 편안함뿐 아니라 힘들게 명상했던 것도 고맙기만 합니다. 앉아 있는 동안 지루하고 조급해지기도 했죠. 또 두려운 상상과 통증, 고통과도 싸워야 했어요. 그런데 이 모든 것이 나에게는 친절의 마음을 기르는 훈련이었어요. 그리고 내가 죽음을 맞을 때 나를 데려갈 영혼을 신뢰할 수 있도록 마음을 단단히 여미는 연습으로 충분했습니다."

달라이라마가 말했다. "우리는 어떤 상황에서도 깨어날 수 있는 가슴과 자각의 능력을 신뢰할 수 있습니다." 바로 지금 우리의 이야기다.

나의 눈물을 나보다 더
아파하는 누군가가 있다

카를로스 카스타네다가 멕시코 주술사 돈 후앙에 대해 쓴 책에
이런 구절이 있다. "죽음은 언제나 당신의 왼쪽 어깨 너머에 있다."
우리가 죽음의 필연성을 자각할 수 있다면, 죽음이 언제나 우리의
어깨 너머에 있음을 기억할 수 있다면 삶은 사소한 것이 되어버린
다. 사소한 것이라면 그냥 놓아버릴 수 있다. 나와 함께하는 명상
공동체에는 병으로 인해 삶이 얼마 남지 않은 사람들이 늘 한두 명
씩 있다. 또 사랑하는 사람들의 죽음을 지켜봐야 하는 이들도 있다.
그들은 한결같이 이 상황을 어떻게 받아들여야 하느냐고 묻는다.

명상을 시작하기 전, 종종 존 오도나휴의 시를 읽어주곤 한다. 이
시는 죽음에 깃든 힘과 아름다움, 그리고 죽음을 축복하고 있다. 이
감동은 우리가 어떤 상실 앞에 멈춰 서서 모든 변화와 죽음의 사라
짐 그 틈새에 존재하는 실재성에 주의를 기울일 때만 가슴으로 느
낄 수 있다.

행복하게 깨어나는 날이 있다네.
삶의 충만함 속에는,
그 순간이 깨어질 때까지는

그리고 되던져지기까지는

상실의 검은 물결에.

자신의 가슴을 되찾는 날이 있다네.

당신은 잘 살아갈 수 있으리

일이나 만남의 한가운데에 있기까지는,

갑자기 아무런 경고도 없이

슬픔이 습격을 해온다네.

당신은 더 이상 자신을 믿을 수가 없다네.

당신이 지금 기댈 수 있는 유일한 것은 슬픔뿐,

당신 안에 깃든 슬픔은 오래 머무르네.

슬픔은 당신보다 더 자신의 길을 잘 알고 있네.

당신은 적당한 때를 찾아내야 하리.

그리고 애도의 로프를 당기고 또 당기리.

눈물방울로 연결된 로프의 마지막 한 방울이 떨어질 때까지

사랑하는 이들이 당신을 떠나 안개 속으로 사라져

천천히 흐려지는 모습에 익숙해지리.

애도가 끝나면

상실의 상처는 치유되리.

공기에 난 틈으로부터 당신의 새로운 눈을 얻게 되리.

그리고 당신 영혼의 따뜻한 난로 속으로 들어갈 수 있으리.

그곳은 당신이 사랑하던 사람들이

당신의 귀환을 기다리고 있는 곳

언제까지나.

그리고 다시 또,

사랑하는 이들이 당신을 떠나 안개 속으로 사라져

천천히 흐려지는 모습에 익숙해지리.

애도가 끝나면

상실의 상처는 치유되리.

공기에 난 틈으로부터 당신의 새로운 눈을 얻게 되리.

그리고 당신 영혼의 따뜻한 난로 속으로 들어갈 수 있으리.

그곳은 당신이 사랑하던 사람들이

당신의 귀환을 기다리고 있는 곳

언제까지나.

커다란 지혜와 진리가 담긴 시다. 애도가 끝났다는 것은 슬픔이 씻은 듯이 사라졌다는 뜻이 아니다. 애도의 과정을 마친 우리는 이제 슬픔 속에서 다만 길을 잃지 않는다는 것을 의미한다. 또 애도의 대상을 영원한 사랑으로 기억할 수 있다는 것이다. 영원한 사랑으로 기억되는 곳, 그 자리가 바로 우리의 피난처이자 의지처다.

이것은 불교에서 말하는 의지처와 통한다. 부처는 우리가 삶의 고난과 고통을 피해 안전하게 머물 수 있는 길을 알려주었다. 불(부처), 다르마(법法), 승가다. 이 세 가지에 의지하여 머무를 때 우리 자신의 근본으로 돌아가 자유로워질 수 있다.

첫째, 부처는 깨달음을 이룬 석가모니를 가리키기도 하지만 보다 깊은 뜻은 모든 사람들이 저마다 가지고 있는 불성佛性이다. 즉 있는 그대로 완전한 존재임을 깨달으라는 것이다. 둘째, 다르마는 부처의 가르침을 의미한다. 셋째, 승가는 이러한 부처의 가르침을 좇아 수행하는 스님들의 공동체다. 즉 우리는 있는 그대로의 완전한 '나'를 인정하고, 실재하는 유일한 이 순간을 인식하라는 부처의 가르침을 깨달으며, 이러한 뜻을 따라 수행하는 승가에 의지하면, 모든 삶의 고통으로부터 벗어나 평화로워질 수 있다는 것이다.

여기서 중요한 것은 상실에서 오는 모든 고통들을 어떻게 바라보느냐. 그것을 나에게서 떨어져 나가는 아픔으로만 여기지 말고 그 아픔을 통해 더 큰 평안과 더 큰 영혼의 존재에 눈을 뜨는 기회로 삼아야 한다. 깨달음 이후에도 여전히 아프지만, 그것은 맑게 정화된 '순수한 아픔'이다.

무엇이 당신에게
기쁨을 가져다주는가

인간은 고통에 대해 더 민감한 반응을 보인다. 즐거움과 기분 좋음, 쾌락을 선호하며 고통을 피하려고 한다. 좋은 점보다는 나쁜 점을 더 빨리 인식하며, 나쁜 예감을 선택한다. 우리가 쉽게 빠지는 이런 부정적인 생각은 하나의 습관이다. 그리고 본능적으로 머리에 떠오르는 생각을 사실로 믿으며 괴로워한다. 내 생각이 잘못되었음을 인정하지 않는 한, 우리는 거짓 진실 속에 계속 머무르며 내 안의 사랑과 긍정의 에너지를 묻어버린다.

수도원에 전해지는 유명한 이야기가 있다. 새로운 수도원에 도착한 젊은 수도사의 임무는 다른 수도사들이 오래된 경전과 교회법을 손으로 필사하는 것을 도와주는 일이었다. 그런데 가만히 보니, 모든 수도사들이 원본이 아니라 사본을 보고 그대로 필사하고 있었다. 그는 이 사실을 수도원장에게 보고했다. 만약 누군가 원본을 잘못 필사했다면 그것을 그대로 옮겨 적은 사본도 동일한 오류가 생길지도 모른다고 했다. 늙은 수도원장이 깜짝 놀라며 말했다.

"우리는 수백 년 동안 늘 같은 방법으로 필사를 해오고 있었다네. 자네가 좋은 지적을 해주었네."

원장 신부는 원본과 비교해보기로 했다. 수백 년 동안 한 번도 꺼

내보지 않은 원본은 지하 동굴에 보관되어 있었다. 그런데 지하 동굴로 내려간 원장 신부가 몇 시간이 지났음에도 올라오지 않았다. 젊은 수사가 걱정이 되어 내려가 보았더니 원장 신부는 벽에 머리를 찧으며 큰 소리로 울고 있었다.

"신부님, 무엇이 잘못되었습니까?"

그러자 원장 신부가 떨리는 목소리로 말했다.

"우리가 수백 년 동안 잘못 옮겨 적은 단어가 있었네. 그것은 축복celebrate이라는 단어네. 그동안 우리는 축복을 순결celibate이라고 잘못 옮겨 적어온 걸세."

잘못된 사본을 습관적으로 답습하듯 많은 사람들이 생각의 습관을 좇아 살고 있다. 물론 이는 고통을 부정하자는 것은 아니다. 부처가 고통(고苦, 둑카dukkha)을 강조한 것은 그것에서 벗어나려 애쓰는 것이 아닌, 삶의 한 부분으로 있는 그대로 관찰하고 받아들이라는 것이었다. 나의 생각을 주의 깊게 살펴 그 뒤에 감추어진 진실을 보라는 뜻이다. 부정적인 생각, 괴로움, 고통, 우울 등에 젖어 있으라는 것이 아니다.

마음챙김을 시작하기 전에 이러한 습관적인 생각을 하고 있는 자신을 깨닫는 것은 매우 중요하다. 습관이 고착화된 사람은 명상 자체를 부정하고 저항하며 밀어내려 하기 때문이다. 억지로 무언가를 만들어내려는 것은 아닌가, 아름다움을 강요하려는 것은 아닌가, 없는 것을 만들어내려는 것은 아닌가. 수많은 생각들이 진실한 길에 들어가는 것을 방해한다. 그러나 이러한 습관을 당장 끊어내는 것도 녹록지 않다. 처음에는 다만 우리에게 있는 것들을 불러낸다는 생각으로 다가서야 한다.

긍정심리학의 아버지 마틴 셀리그먼 박사의 경험이다. 셀리그먼 박사는 그날을 평생 잊을 수 없는 날이라고 고백했다. 그때 그는 다섯 살짜리 딸 니키와 함께 정원을 가꾸고 있었다. 그의 목적은 정원 정리였으므로 얼른 일을 마치려고 했다. 그런데 일을 도와주던 니키가 잡초를 뽑는 둥 마는 둥 춤을 추며 돌아다녔다. 그는 아이에게 고함을 질러댔다. 그러자 니키가 다가와 그의 귀에 대고 속삭였다.

"아빠, 내가 얼마 전 다섯 살 생일 파티 이후에는 떼쓰지 않는다는 걸 아나요? 그건 내가 생일 때 더 이상 엄마 아빠에게 떼쓰지 말자고 결심했기 때문이에요. 힘들었지만 떼를 쓰지 않으려고 했어요. 그러니까 아빠도 나처럼 하면 언짢은 기분을 그칠 수 있을 거예요."

셀리그먼 박사는 이 이야기를 들려주며 이렇게 덧붙였다.

"오! 그날 정말 나는 멋진 깨달음을 얻었어요. 딸아이의 지적은 백 번 옳았어요. 사실 나는 먹구름처럼 시무룩한 존재였죠. 불평불만이 많았어요. 그런데 그냥 지냈어요. 그냥 그게 나였으니까요. 그런데 딸의 말을 듣는 순간 불평불만 많은 '나'가 진짜 내가 아닐지도 모른다는 생각이 들었어요. 부정적인 것들에만 매달려 살면서 나의 긍정적인 감성은 무시했다는 것을 깨달았죠. 나는 나의 선함을 놓치고 있었던 것입니다. 딸아이처럼 나는 당장 뭔가 결심해야 했습니다. 그래서 그 순간부터 나의 긍정적인 면에 익숙해지기로 마음먹었습니다."

지금 이 자리에서 평소 내 마음의 습관을 조용히 느껴보라. 혹 잘못된 것, 부정적인 것, 슬픔, 괴로움, 우울함이 더 익숙하게 느껴지는가? 우리는 나 자신을 탐구해야 한다. 내 안의 선함에 무게 중심을 가져다 두어야 한다. 우리가 사랑하는 것은 무엇인지, 어떤 감정이 기쁨을 가져다주는지, 그것을 내 안에 초대하여 생생하게 살아 움직이도록 해야 한다.

타인의 선함을 발견하라

감사의 감각을 살리는 데 도움이 되는 다양한 명상법이 있다. 그중 하나가 날마다 하루를 돌아보며 감사한 것을 찾아내는 것이다. 어떤 이들은 가족과 친구, 동료 등 고마운 대상을 찾아내 하루 한 명씩 감사의 이메일을 보낸다. 나도 한번 해보았다. 내용은 간단했다. 안부를 묻고 건강을 기원하고, 여유가 되면 특별히 공유하고 싶은 짤막한 추억을 적어 보냈다. 고마운 마음을 전해야겠다고 생각해서인지 고마운 기억만 떠올랐다. 사물을 받아들이는 뇌 속의 필터가 바뀐 것이다. 우리 뇌의 신경 회로는 변화될 수 있다. 우리 자신의 선함, 타인의 선함, 감사와 사랑의 마음에 가닿도록 하는 변화다.

모리스 센닥은 괴물이 등장하는 그림동화를 여러 권 펴낸 인기 동화작가다. 센닥은 '짐'이라는 어린 소년에게서 우편물을 받았다. 아이가 직접 그리고 만든 그림카드였다. 아이의 정성과 그림이 마음에 들었던 센닥은 곧바로 답장을 보내주었다. '사랑하는 짐, 네 카드가 정말 마음에 드는구나.'라는 내용이었다. 얼마 뒤 짐의 어머니에게서 편지가 왔다. 그 카드에는 이렇게 쓰여 있었다. '짐이 선생님의 그림카드를 너무 좋아해서 그만 먹어버리고 말았답니다.' 센닥은 크게 웃음을 터뜨렸다. 그가 지금까지 들었던 칭찬 중 단연 최고의 표현이었다. 소년은 그림을 좋아하고 기뻐하는 마음을 있는 그대로 순수하게 표현한 것이다.

나는 이 책의 서두에서 야성에 대해 이야기했다. 야성은 순수성이다. 동물의 야성, 인간의 야성, 창조성의 야성, 사랑의 야성 등, 야성은 길들여지지 않은 무엇이다. 머뭇거리거나 계산하지 않고 자연스럽게 표현하는 본성이다. 야성과 본성은 원래 거기, 늘 있어왔지만 문명화된 우리는 그것을 박탈당했다. 우리는 있는 그대로의 자신을 인정하지 못하고, 다른 사람이 보기에 '괜찮은 사람'이 되려고 노력한다. 주위의 모든 사람들, 환경이 그런 신호를 끊임없이 보내기도 한다. 그 과정에서 우리는 본성의 순수한 기쁨, 감사의 감각을 잃고 말았다.

그러한 순수한 본성을 깨우치고 기쁨과 감사와 연결해주는 명상 수련이 바로 메타(자애) 수행이다. 여기서 사람들의 선함에 대해 잠시 생각해보자. 나의 명상 수업을 듣는 산드라에게는 딸이 하나 있었다. 스무 살이 넘은 딸은 집에서 독립하여 살고 있었지만 정서적인 불안을 갖고 있었다. 산드라는 딸아이가 여느 집 자녀들처럼 사회에서 활기차게 생활하지 못하는 사실을 부끄러워했다. 그녀는 나에게 딸을 위해 어떤 기도를 해주어야 하느냐고 물었다.

나는 딸에 대한 산드라의 생각부터 변화되어야 한다고 생각했다. 그래서 그녀에게 딸에 대한 이야기를 좀 더 해달라고 했다. 처음에 딸의 문제점을 잔뜩 늘어놓던 그녀는 딸의 유머 감각이라든가 친절한 마음씨에 대해 말하기 시작했다. "아이는 정말 친절하지요. 다른 사람의 마음을 아주 잘 읽는답니다. 나도 모르게 화를 낼 때 나보다 먼저 알아채고 나를 풀어주려고 하거든요. 또 춤추는 걸 좋아하고 웃음이 많은 아이예요." 산드라는 딸아이의 내면에서 새어 나오는 빛을 보기 시작한 것이다. 나는 말했다. "산드라, 이제 당신 안의 사랑에 대해 생각해보세요. 그 사랑으로 딸아이의 선함과 아름다움을 바라보세요. 그리고 나에게 들려준 이야기를 딸에게도 똑같이 해보세요."

그 일이 있고부터 산드라의 딸이 변화되기 시작했다는 소식을 전해 들었다. 내가 흐뭇하게 들었던 딸 자랑을 어머니에게서 똑같이 전해 들은 딸은 스스로 자신의 선함을 믿게 된 것이다.

사람과 사람, 우리는 서로에게 보이지 않는 메시지를 전달한다. 우리가 상대의 부서진 마음만 볼 때 상대는 자신의 부서짐을 더 깊게 인식한다. 우리가 곤란해지는 여러 원인 가운데 한 가지는 오해, 증오, 부정과 같은 다른 사람이 보내는 부정적인 시각이다. 그러나 우리는 우리 자신을 똑바로 볼 수 있는 눈이 있다. 그 눈으로 타인을 지켜줄 수 있다. 거기에는 깨어남, 부드러움, 창의성과 같은 자각이 있다. 우리는 반드시 그것을 끌어내야 한다.

나의 스승은 자신의 주된 명상 중 하나는 '상대방의 선함을 볼 줄 아는 것'이라고 말한 적이 있다. 우리가 상대에게 내재해 있는 불성, 본성을 볼 수 있다면, 그것은 우리가 상대에게 줄 수 있는 가장 깊고 큰 선물이다.

베니는 명상 지도사 과정을 밟던 중 나를 만났다. 그는 큰 덩치에 몸에 문신을 한 강인한 남자였다. 언젠가 그는 자신의 불우했던 성장기를 털어놓았다. 그와 이야기를 나눌 때 나는 그의 짙은 속눈썹과 아름다운 초록빛 눈동자 속에 감춰진 부드러움을 보았다.

그는 교도소에 다녀온 뒤 갱단과 어울려 다녔다. 어느 날 갱단 사람들이 노숙자 한 명에게 폭력을 휘둘렀는데 그 자리에 베니도 있었다. 옆에서 지켜만 보던 베니에게 노숙자가 달려들며 애원했다. "당신은 내가 만난 사람 중에 가장 착한 눈빛을 가지셨군요. 저를 좀 도와주세요." 이 말은 베니에게 큰 울림을 주었다. 베니는 갱단 사람들에게 이 사람을 때려봤자 좋을 게 없다고 설득해서 구타를 멈추게 했다.

그 뒤 이상하게도 베니는 노숙자가 해준 말을 잊지 못했다. 수많은 선택의 기로에서 그는 노숙자의 말을 떠올렸다. 이를테면 죄와 용서, 친절과 분노, 웃음과 눈물, 긍정과 부정의 갈림길에서 나쁜 선택을 하지 않으려고 노력했다. 그의 인생은 서서히 달라졌다. 현재 베니는 불우하고 공격적인 젊은이들에게 마음챙김 명상을 가르치고 있다. 그는 말했다.

"아무리 폭력적이고 못된 아이들을 만나더라도 나는 그 아이의 가능성을 보지 않을 수가 없습니다. 누군가 내 눈빛이 착하다고 말했던 것처럼요."

우리를 보호하기 위해 입은 우주복은 '나'를 위장한 것에 불과하다. 우리가 우주복 속에 있는 진정한 나를 발견한다면 무한한 힘을 이끌어낼 수 있다. 주위에는 자신을 알아봐 주는 단 한 사람 때문에 삶이 바뀌었다고 말하는 사람들이 많다. 타인의 선함을 볼 줄 아는 누군가의 선의가 놀라운 변화를 가져오는 것이다.

레이첼 나오미 레멘은 일곱 살 때 할아버지가 돌아가셨다. 그녀는 할아버지가 없는 세상을 단 한 번도 상상해보지 않았기에 큰 충격을 받았다. 손녀를 깊이 사랑했던 할아버지는 그녀를 '슈말라'라는 애칭으로 부르곤 했다. 슈말라는 '작고 사랑스러운 영혼'이라는 뜻이다. 더 이상 그 이름으로 불러주는 사람이 없다는 사실을 받아들이는 것은 끔찍했다. 하지만 차츰 그녀는 마음이 편안해졌다. 할아버지가 곁에 있다는 느낌을 받게 되면서다. 그녀의 말이다.

"처음에는 나 또한 사라져버릴 것 같았어요. 그러다 차츰차츰 내가 할아버지와 함께한 추억들, 할아버지의 다정함, 따듯함, 부드러움을 떠올릴 때마다 마치 할아버지가 바로 옆에 있는 것만 같았어요. 그리고 그동안 할아버지가 나에게 해주었던 좋은 말들을 생각하다 보니 어느 사이 할아버지의 시선으로 나 자신을 바라보고 있는 것을 깨달았어요. 스스로 '슈말라'라고 부르게 된 거예요. 정말 신비한 경험이었습니다."

우리가 죽음 뒤에 세상에 남길 수 있는 것은 따뜻한 말 한마디, 친절한 눈빛, 부드러운 손길이다. 우리가 다른 사람을 축복하는 순간 축복은 영원한 것이 된다. 한 번의 축복이라도 상대에게 강력한 에너지가 되어 온 삶에 영향을 끼친다. 선함을 본다는 것. 그것은 본성을 본다는 것이다. 사랑이 가득한 눈빛, 부드러운 말 한마디, 따뜻한 포옹과 접촉……, 우리가 할 수 있는 축복의 표현은 너무나

많다. 상대의 진정한 본성을 깨우는 이런 표현은 타인과 나, 그리고
세상을 위한 축복 그 자체다.

상실의 고통에서 벗어나는 명상

누구도 사라짐의 진리에서 벗어날 수 없다

엄격하게 따져보면 우리는 매 순간 조금씩 사라지고 있다. 부모가 죽고 연인과 헤어지고 팽팽한 근육은 주름투성이가 되고 반짝이는 아이디어는 녹이 슨다. 그때마다 우리는 절망하고 아파하고 슬퍼한다. 아무리 늙지 않기를, 건강하기를, 행복하기를 기도하지만 누구도 '사라짐의 진리'에서 벗어날 수 없다. 상실의 고통에서 벗어나는 길은 무엇인가. 명상으로 나의 가슴을 두드려보자.

먼저 호흡을 고르고 그 흐름을 느껴보라. 편안하게 이완된 상태에서 들숨을 들이쉬고 역시 편안하게 이완한 상태에서 날숨을 내려놓는다.

당신이 머물고 있는 공간을 느껴보고 소리에 귀 기울여보라. 지금 내 몸의 생명력을 느껴보라. 그 다음 자신의 가슴을 깊이 들여다보듯 주의를 집중하라. 이제 언젠가는 우리도 사라진다는 것, 모든 것은 소멸된다는 무상無常을 떠올려보라. 그리고 내가 관계 맺고 있는 사람들을 마음속에 떠올려보라. 어떤 인간관계라도 좋다. 당신이 좋아하는 누군가가 내 곁에서 사라지는 것을 상상해보고 마음속에 떠오르는 것들을 살펴보라. 아마 그런 일은 없을 거라는 것. 그 일은 아주 먼 시간 뒤에 일어날 일이라는 것. 아니면 막막함, 두려움, 혹은 함께할 시간이 많지 않음을 느낄 수도 있을 것이다. 아이가 자라서 집을 떠날 때, 사랑하는 이와 헤어졌을 때 느꼈던 상실감이 떠오를 수도 있다. 소중한 사람의 죽음을 받아들이며 가슴속에 밀려들었던 상실감일 수도 있다.

그것이 무엇이든 당신의 상실감을 기꺼이 이 자리로 초대해보라. 두려움과 슬픔, 막막함, 그것은 매우 자연스러운 일이다. 나만 어두운 방에 갇혀 있는 듯한 느낌도 자연스러운 것이다. 지금 여기에 존재하고 있는 것이면 마음껏 있는 그대로 존재하도록 하라. 지금 그 사람이 여기에 있는 듯이 느껴보고 이때 올라오는 느낌을 느껴보라. 당신에게 곧 닥치거나 아니면 이미 당신이 경험하고 있는 상실감을 느껴보라.

그 사람과의 관계에 좀 더 온전히 조율하는 방법의 하나로 당신이 그 사람을 포용하고 있다고 상상한다. 그리고 이렇게 생각해본다. '언젠가는 나도 죽을 것이고 당신도 죽을 것입니다. 그런 우리에게는 오직 지금 이 순간만이 있습니다.' 이 연결의 감각을 느껴보라. 그 존재가 누구인지 느껴보라. 그 사랑을 느껴보라.

당신의 주의를 사랑 자체의 경험으로 가져간다. 그 사랑 너머에 누가 자각하고 있는지 느껴본다. 이 사랑을 자각하고 있는 이가 누구인가? 그리고 그 텅 빈 가슴을 느껴본다. 아무도 무엇을 소유하지 못한다. 당신에게 일어나는 일이 있다면 그것은 사랑의 자각이다. 나에게 일어나는 모든 것을 놓아버리고 단지 그 사랑의 자각 속에 머물러라. 자신의 본래 모습으로 돌아가라.

내 안의 분노를 잠재우는 명상

'안 돼'가 아닌 '그래'라고 말한다면

소중한 것을 잃어버렸을 때 우리는 그 사실을 인정하지 못한다. 거부하거나 화를 내고 상심하며 자책한다. 명상은 상실에 대한 저항을 달래고 누그러뜨린다. 또한 내 곁에서 완전히 떠나보내는 상실이 아니라, 상실을 내 안에 평화롭게 공존하도록 한다.

먼저 인간관계 중에 지금까지 살아오면서 나를 힘들게 했던 일을 떠올려보라. 분노나 두려움, 슬픔으로 반응했던 힘든 상황을 떠올려보라. 배우자와의 다툼이나 사랑하는 사람의 죽음, 생명을 위협하는 질병을 앓고 있는 가족에 대한 걱정일 수도 있다. 아니면 다른 사람을 아프게 한 행동에 대한 후회일 수도 있고 누군가를 무시하거나 소홀히 대했던 것일 수도 있다. 누군가에 대해 느끼는 두려움일 수도 있다.

이런 감정을 불러일으키는 장면과 상황을 구체적으로 마음속에 떠올려보라. 거기서 무슨 일이 일어나고 있는지 보고, 오고 가는 말도 들어보라. 그리고 거기서 나는 어떤 생각을 하고 있으며 어떤 감정을 느끼는지 관찰해보라.

그러한 느낌이 마음껏 표현되도록 그대로 놓아두라. 억누르거나 감추려 하거나 모른 척하지 마라. 몸에 전해지는 감정 그대로 느껴보고 표현하라. 슬픔, 두려움, 분노와 같은 느낌인가? 그 생생한 느낌을 향해 "안 돼!"라고 마음속으로 말해보라. 거부의 기운을 모아 "안 돼!"라고 말해보라. 분노와 두려움, 슬픔에 대해 "안 돼!"라고 말해보라. 이것은 지금 자신의 경험에 대해 거부하고 밀쳐내는 행위다. 일어나는 상황을 부정하고 밀어낼 때 나 자신의 몸과 가슴, 마음은 어떤지 느껴보라.

그리고 만약 다음 달, 다음 해에도 이 상황과 연관된 느낌에 대해 계속해서 "안 돼"라고 말한다면 어떻게 될지 상상해보라. "안 돼"라는 말로 삶의 순간순간을 맞이한다면 어떻게 될지 생각해보라.

그 다음 다시 몇 차례 심호흡을 한 뒤 자세를 조금 움직여보면서 편안하게 몸 전체를 이완한다. 이번에는 조금 전의 상상했던 상황을 다시 마음에 떠올린 뒤 그때의 모습과 말, 생각, 느낌 등을 마음으로 가져온다.

이번에는 보리수나무 아래 앉아 있는 부처와 같이, 자신의 주위에 "그래"라는 말의 에너지가 계속해서 흐르도록 한다. 가볍게 미소 지으며 "그래, 그래"라고 동의하면서 에너지를 보낸다. 지금 이 순간 어떤 일이 일어나더라도 그것에 기꺼이 동의하겠다는 의지의 표현이다.

만약 분노 혹은 "안 돼"라고 말하는 감정을 경험하더라도 그 거부의 느낌을 "그래"라고 하는 부드럽고 더 큰 공간에 담아보라. 이때 자신의 몸과 가슴, 마음이 어떤지 느껴보라. 이처럼 어려운 상황에서도 "그래"라고 말하는 태도를 앞으로 가져간다면 몇 달 후 혹은 몇 년 후 삶에 대한 당신의 경험이 어떻게 될 것인지 생각해보라.

9장

지금,
나부터 사랑하라

모든 순간이
사랑의 순간이다

아폴로 우주선에 탑승한 우주인들은 우주에서 바라본 지구가 엄지손톱에 가려질 만큼 작다고 했다. 지구를 포함한 수많은 별들이 서로 부딪히지 않고 조화를 이루는 것도 경이롭지만, 티끌보다 작은 자신도 우주의 한 부분이라는 사실이 너무나도 감동적이라고 했다. 나 또한 그 공간을 상상하자 아득한 고요와 평화가 내 몸속으로 흘러드는 것만 같았다.

존재하는 모든 것들이 그물코처럼 연결되어 있다는 것이 불교의 '연기설緣起設'이다. 이것이 있으면 저것이 있고 저것이 소멸되면 이

것이 소멸되는 이치, 만물의 인과관계와 상호의존성이 불교의 핵심 원리다. 내가 있으므로 상대가 있고 상대가 있으므로 내가 있는 것, 나의 기쁨이 상대의 기쁨이며 상대의 아픔이 곧 나의 아픔이다.

이러한 오묘한 진리는 나의 아픔을 치유하는 과정에서 깨치게 된다. 나의 아픔이 진정으로 치유가 되었다면 자연스럽게 타인에게 마음이 열린다. 흔히 '나만 힘든 게 아니었구나.'라고 한다. 나의 아픔을 진실하게 느낄 때 타인의 아픔이 보인다. 나의 가장 아픈 부분에 접촉하면 스스로에게 마음이 열리고 받아들이고 용서하게 되는데, 그 '관심과 사랑'이 '자비慈悲'다. 한문으로 '자慈'는 '사랑하다, 어머니'라는 뜻이다. 어머니는 생명의 시작, 모든 존재를 품어 안는 사랑이다. 근원적인 사랑으로 돌보는 것이 곧 자비다.

우리는 앞에서 스스로에 대한 자비가 진정한 치유를 가져온다는 것을 확인했다. 자비는 내 본성에 이미, 늘 존재하고 있다. 자비를 일깨우면 나에게 일어나는 모든 상황들, 관계 맺는 사람들, 내 안에서 일어나는 온갖 감정들을 품어 안을 수 있다. 밀어내지 않고 받아들일 수 있다. 자비의 품에서 우리는 편안해지고 자유로워진다.

불가에서 쓰는 '보살'이라는 말은 고대 인도어인 '보디사트바'를 소리 나는 대로 옮긴 말이다. 단순하게 풀이하면 수도자, 깨달음을 얻으려는 자, 지혜를 가진 사람이다. 나아가 우리처럼 평범한 사람들을 통칭한다. 모든 사람이 다 자비를 품고 있기 때문이다. 보살은 나와 타인의 아픔과 괴로움, 슬픔을 있는 그대로 느끼며 자비로운 마음을 깨운다. 보살은 바라고 염원한다. '내 삶에서 일어나는 어떤 일, 어떤 환경, 어떤 상황이라도 나의 가슴과 마음이 깨어나는 데 도움이 되기를 바랍니다. 그것이 연민과 지혜의 깨어남에 도움이 되기를, 나에게 일어나는 모든 일들에서 나의 자비가 깨어나기를 바랍니다.'

이러한 보살의 바람을 담은 명상이 '자비 명상'이다. 자, 간단한 '자비 명상'을 해보자. 먼저 모든 생각과 행동을 멈춘다. 그리고 지금 여기에 존재하는 것이 무엇인지 잠시 느껴보라. 들숨과 날숨을 느껴보면서 호흡을 고른다. 이제 지금 내가 중요하게 생각하는 것은 무엇인지 떠올려보라. 그리고 온 삶을 통해 무엇이 정말 중요한지 생각해보라. 그 다음 오늘은 어떻게 살았는지, 무엇을 경험했으며, 내가 어떤 믿음을 가지고 있었으며 무엇을 알고 있는지 헤아려보라. 그리고 지금 당신의 가슴이 어떤 상태인지 느껴보라.

그 다음 보살의 바람을 가슴에 떠올려보라. '오늘 나에게 일어난 모든 일들, 보고 듣고 만나고 행했던 모든 것들이 나의 자비와 지혜를 일깨우기를 바랍니다.' 그리고 가슴에서 섬세하게 일어나는 변화를 관찰하라.

여기까지가 자비 명상이다. 만약 그날 나를 힘들게 하고 괴로운 일이 있었다면, 이를테면 직장에서 상사에게 크게 꾸중을 듣고 말다툼을 심하게 했다면 그 일을 떠올렸을 것이다. 자비의 바람으로 명상을 마치고 나면 '아, 상사가 오해를 했을지도 몰라. 다른 직원들이 보는 앞에서 상사에게 심한 말을 한 것은 내 잘못이야. 상사도 당황해서 더 큰소리를 냈을 거야.'라고 상사에게 마음을 열게 되고 내일 내가 어떻게 행동할지 결정하는 데까지 나아갈 것이다.

나를 정말 힘겹게 하는 일, 괴로움을 주는 일, 큰 손실과 갈등, 분노를 주는 일, 그것과 접촉하여 자비 명상을 해보라. '이것이 나의 가슴과 마음의 깨어남에 도움이 되기를 바랍니다.' 하고 바라고 염원하라. 이러한 진정한 열망의 렌즈로 내 삶에 말을 걸 때 우리는 변화될 수 있다. 자비는 모든 두려움을 이기는 힘이자 모든 생명과 공존하는 에너지다.

자비의 마음을 기르는 명상은 일상에서 수시로 할 수 있다. 출퇴근 버스 안에서, 산책 중에, 욕실 청소를 하면서 등 하루에 수시로 머릿속에 되뇌어보는 것이다. 바깥이 아무리 소란하더라도 마음만 먹으면 고요는 내 안에 깃든다. '이 모든 순간이 나의 가슴과 연민, 지혜가 깨어나는 데 도움이 되기를.' 바라고 기도하라.

나를 선하게 만든
당신을 사랑합니다

로이 크로프트의 〈사랑〉은 미국인들이 가장 좋아하는 시 가운데 하나다. 이 시는 타인과 나의 관계성에 대한 정확한 성찰을 담고 있다.

나는 당신을 사랑합니다.
지금 당신이 당신이기도 하지만
당신 곁에서 내가
또 다른 나로 변하기 때문입니다.

나는 당신을 사랑합니다.
당신은 내가 가진 삶의 목재로
헛간이 아니라 신전을 짓도록 하기 때문입니다.
날마다 내가 하는 일을
노래로 만들도록 해주기 때문입니다.

나는 당신을 사랑합니다.
어떠한 신앙보다도 바로 당신이

나를 더욱 선하게 만들었기 때문입니다.

어떠한 운명보다도 바로 당신이

나를 더욱 행복하게 만들었기 때문입니다.

손도 대지 않고 말 한마디 없이 기적도 없이

당신은 모두 해냈습니다.

이것은 당신이 자기 자신에게 충실했기 때문에

이 모든 것을 이루어낸 것입니다.

당신은 나의 참된 친구입니다.

가끔 사랑하는 사람과 사랑받는 사람 가운데 어느 쪽이 더 많이 변화될까에 대해 생각해보곤 한다. 로이 크로프트의 시는 사랑하는 사람의 변화를 노래한다. 사랑함으로써 내가 가진 하찮은 목재가 신전으로 만들어지고 지루한 일이 즐거운 노래로 바뀌었으며 모두에게 친절한 사람이 되었다. 그 어떤 명령도 없이 말이다. 로이 크로프트는 말했다. "나는 당신을 사랑합니다. 당신의 존재를 위해서뿐만 아니라 당신과 함께 있는 나의 존재를 위해서도."

치유와 관계에 대한 또 다른 이야기다. 20세기 초 독일에는 탈보트라는 뛰어난 의술을 가진 소아과 의사가 있었다. 그가 아침마다 환자들을 회진할 때면 수많은 인턴 의사들이 그 뒤를 따랐다. 그들은 의술을 배우기 위해 스승의 말 한 마디, 행동 하나 놓치지 않았다.

그런데 간혹 어떤 치료법도 듣지 않는 아이들이 있었다. 아이들은 까닭 없이 야위어갔다. 탈보트 박사는 그런 아이의 진료기록지에 알아보기 힘든 글씨로 처방전을 써 내려갔다. 그리고 나면 대부분의 아이들이 얼마 지나지 않아 회복되었다. 병원에 온 지 얼마 안 된 한 인턴 의사가 이를 주의 깊게 지켜보았다. 하지만 아무리 처방전을 살펴봐도 도통 글씨를 알아볼 수가 없었다. 박사만 알고 있는 명약이라도 있는 것은 아닌지, 그는 몹시 궁금했다. 그 답은 뜻밖에도 수간호사가 알려주었다.

"처방전 내용이요? '안나 할머니'라고 쓰여 있잖아요."

수간호사는 저만치 떨어진 휴게실에서 남자아이를 무릎에 앉히고 이야기를 나누는 할머니를 가리켰다. 간호사의 말이 이어졌다.

"저분은 우리 병원에서 어느 의사보다 아이들을 더 많이 치료하셨지요."

아이들은 할머니와의 따듯한 소통, 관심, 배려, 친절 속에서 회복되었다. 혼자서 하는 명상, 자기 내면에 오롯이 주의를 기울이는 것은 매우 소중하다. 그러나 진정한 치유는 그것만으로 충분하지 않다. 명상은 우리가 살아가는 이 세계와 적극적으로 관계 맺는 것이기도 하다. 영적 깨우침에 대한 흔한 오해 중 하나는 오로지 혼자 해내야 한다는 편견이다. 산속 토굴 같은 곳에 가부좌를 한 채 명상하고 수행해야 깨달음에 이를 수 있다고 믿는 것이다.

그러나 우리 삶을 찬찬히 들여다보라. 고통이 어디로부터 오는 가? 사랑은 어디에 있는가? 우리의 괴로움은 다른 사람과 함께하지 못할 때, 소외된다고 느낄 때, 소속감과 연대감이 끊어졌을 때 엄습해온다. 다른 사람이 나의 외침에 답하지 않을 때, 그들이 나에게 등을 돌렸을 때 고통이 다가온다. 그리고 이에 대한 모든 치유는 우리가 다른 사람들의 품에 안길 때 비로소 완전해진다. 어떤 의료적 처치에도 반응하지 않던 아이들이 어머니 같은 존재의 사랑에 응답하고 회복되었던 것처럼 말이다. 또 부부갈등을 치유하는 프로그램 중에 서로 가깝게 마주 보고 상대의 가슴에 손을 얹는 내용이 있다. 손에 전해지는 남편 혹은 아내의 심장박동 소리를 통해 상대 또한 위로받고, 이해받고 싶어 한다는 그 마음을 직접 느껴보라는 의미다.

아이들을 치유한 명약은 '아무 조건 없이 사랑으로 품어 안음'이었다. 이 명약은 지금 누구에게나 필요하다. 오랫동안 내 안의 영적 탐험을 하면서도 치유의 진정한 원천에 닿지 못하는 이들이 있다. 타인과 깊숙한 관계 맺기에 아직 이르지 못한 탓이다.

나는 오랫동안 영적 구도의 길을 걸어 자기 내면의 삶과 고요하게 함께하는 법을 터득한 사람들을 많이 만났다. 그 과정에서 그들 또한 막다른 벽을 만나기도 했다. 그 벽은, '아직 당신은 더 깊은 소속감을 느끼고 있지 못합니다.'라는 메시지다. 다시 말해 이 벽은 나 아닌 다른 존재들과 관계를 맺으라는 요청이다. 그것을 깨닫는 순간 타인에 대한 낯섦과 이질감은 마법처럼 사라진다.

부처는 네란자라 강가의 보리수나무 아래에서 깊은 명상에 잠겨 있었다. 왕자로 태어나 더 이상 누릴 것이 없는 최고의 신분을 버리고 스스로 택한 6년간의 고행 끝에 그는 깨달음의 길에 다다르고 있었다. 샛별이 떠오를 무렵, 잠시도 곁을 떠나지 않던 악마들이 부처의 깨달음을 방해했다. 악마들은 부처에게 이제 그만 포기하라며 온갖 방법으로 유혹하고 위협했다. 부처는 그 자리에서 꼼짝도 하지 않았다. 화가 난 악마는 마지막으로 부처의 이러한 공덕을 증명해줄 사람은 아무도 없다고 조롱했다. 그때 부처는 천천히 손을 들어 땅을 만졌다. 그러자 대지의 여신이 나타나 말했다.

"내가 그것을 증언할 것입니다. 당신(부처)께서는 과거에 목숨을 바쳐가며 오직 중생을 위해 살았습니다. 그 공덕으로 이제 당신은 가장 높고 바른 깨달음을 구할 수 있게 된 것입니다."

그러자 하늘이 열리고 밝은 빛이 쏟아졌다. 부처가 마침내 깨달음에 이르렀다. 부처가 땅을 건드리는 모습에는 매우 중요한 메시지가 담겨 있다. 땅은 어떤 의미인가. 땅은 곧 생명의 근원이다. 존재하는 모든 생명들은 땅에서 나왔다. 우리 모두는 거대한 생명의 그물망에 속한다. 부처 또한 땅의 생명이다. 너와 나, 모두가 하나로 연결되어 있다는 뜻이다. 상대가 나이고 내가 상대이다. 너의 슬픔이 곧 나의 슬픔이며 모두의 슬픔이다. 부처가 완전한 자유, 깨달음에 이른 것도 우리의 전체성을 깨닫고 난 뒤였다. 부처는 영적 구도의 길에서 혼자 분투한 것이 아니었던 셈이다.

우리가 걸어야 할, 고통과 괴로움 속에서 벗어나는 진정한 자유의 길은 모든 생명에 마음이 열릴 때다. 깊고 넓은 땅, 대지, 생명과 하나라는 소속감을 경험해야 하는 것이다. 즉 진정으로 나를 사랑한다는 것은 모든 실존적 존재를 사랑하는 것이다.

더운 여름날, 나의 그림자에는 다른 사람이 들어와 쉬어 갈 수 있다. 나 또한 다른 사람의 그림자에서 쉴 수 있을 뿐이다. 너와 나의 진정한 관계성은 이러한 상생相生에 있다.

우리가 갈망하는 사랑은
어디에나 있다

우리가 안정감을 느낄 때는 언제인가. 어디에서 든든한 소속감을 느끼는가. 우리는 틈만 나면 자연을 찾는다. 숲으로 바다로, 나무와 꽃이 있는 공간으로 간다. 자연 속에 있을 때 우리는 편안함을 느낀다. 자연이 우리를 품어 안는 느낌이 든다.

또 우리 주위엔 자연과 같은 사람들이 있다. 나의 있는 그대로를 드러내도 아무렇지도 않은 좋은 사람들이다. 이러한 편안함과 안정감은 우리가 먼 과거 대자연의 일부로 살았던 본능이 핏줄 속에 흐르기 때문이다. 작가 데이비드 허버트 로렌스는 말했다.

"우리는 이 우주, 이 세상과의 생생하고 양육적인 관계로 돌아와야 한다. 그 방법은 매일의 의식儀式을 통해서다. 매일 새롭게 깨어나는 의식이다. 새벽과 정오, 해가 지기 전에 수련해야 한다. 불을 지피고 물을 긷는 의식을 회복해야 한다. 첫 호흡과 마지막 호흡의 의식을 되살려야 한다. 지금 인류라는 종種은 죽어가고 있다. 마치 커다란 나무가 뿌리째 뽑힌 채 허공에 드러나 있는 모습이다. 우리는 우리 자신을 다시 우주라는 땅에 심어야 한다."

인류가 죽어가고 있다는 것은 부처가 '우리는 서로 분리된 존재라는 느낌에 사로잡혀 있다.'고 말한 바로 그 괴로움이다. 로렌스는 우리가 서로 다시 연결을 맺는 방법에 대해 말한다. 우리의 에너지는 우리가 다시 이 지구와 그리고 타인과 서로 연결을 맺는 데 달려 있음을 말한다. 이것은 우리 가슴속에서 솟아나는 아주 깊고 깊은 바람이다. 그러나 우리의 집착과 만족을 구하는 일상의 습관에 매여 있다면 우리는 그 깊은 바람을 일깨우지 못한다. 자유와 평화로 이어지는 연결 고리를 우리 스스로 끊어내는 것과 같다.

우리는 이 근본적인 바람을 자꾸 깨우며 느껴보아야 한다. 일상의 습관적인 미몽에서 벗어나 지금 이 순간 가장 중요한 것을 느껴야 한다. 정말 중요한 것은 무엇일까. 그 갈망의 에너지를 가지고 깨어있는 상태로 바깥을 향해 손을 뻗어야 한다. 그렇게 우리가 다시 우주에 뿌리내릴 수 있음을 알아야 한다. 이것은 추상적이거나 모호한 수련이 아니다.

내 친구는 아주 오랫동안 어머니와 사이가 좋지 않았다. 아들에 대해 크게 실망한 어머니는 만남을 거부하고 있었다. 친구는 어머니를 만날 때마다 비난의 말을 들어야 했다. 위축감과 불안감에 시달리던 친구는 어머니를 어떻게 대해야 할지 모르겠다고 했다. 나는 그에게 물었다. "네가 가장 바라는 게 뭐니? 지금 여기서 너에게 가장 필요한 것은 무엇이니?" 그러자 그가 말했다. "누군가가 불안하고 당황스러운 내 마음을 알아주면 좋겠어. 나를 안아주고 토닥거려주면 좋겠어."

평소 꽤 현실적이었던 친구는 이런 말도 덧붙였다. "지금 어머니에게서는 그런 사랑을 기대할 수 없다는 걸 알아. 하지만 나를 사랑해주는 누군가가 나를 지켜봐 주면 좋겠어. 만일 그럴 수 없다면 적어도 어머니를 만날 때 내가 어떻게 행동해야 하는지 알고 싶을 뿐이야."

그때 나는 그에게 간단한 명상을 권했다. 먼저 그를 무조건 사랑해주고 믿어주는 사람들을 마음속에 떠올려보라고 했다. 그 친구들이 그를 동그랗게 에워싸고, 기도해주고 안아주는 모습을 상상하게 했다. 그는 조용히 눈을 감고 내 말을 따랐다. 그를 사랑해주는 친구들이 보내는 사랑의 에너지를 느껴보라고 했다. 사람들, 친구들, 나아가 온 우주와 연결되어 있음을 느껴보라고 했다. 그런 다음 어머니를 직접 만나는 장면을 상상하도록 했다.

이 명상이 그에게 어떤 영향을 미쳤을까. 그는 얼마 지나지 않아 어머니를 찾아갔다. 예상한 대로 어머니는 그에게 화를 내며 나가라고 했다. 늘 그랬던 것처럼 말이다. 친구는 그 상황이 몹시 괴롭고 힘들었다. 하지만 예전만큼은 아니었다. 견딜 만한 고통이라고 느꼈다. 어머니의 폭언에 화가 치솟았겠지만 더 이상 그런 분노는 느껴지지 않았다. 그는 자신과 어머니를 조용히 지켜볼 뿐이었다. 그의 가슴속에 혼자가 아니라는 든든한 믿음과 더불어 사랑이 생긴 것이다. 조안나 매케이의 시 〈사랑을 찾아〉를 읽어보자.

낯선 열정이 내 머릿속으로 들어왔네.
내 가슴은 하늘을 나는 새가 되었네.
나란 존재, 하나도 남김없이 사방으로 흩어지네.
내가 사랑하는 존재, 어디에나 있다는 게 이런 걸까?

사실 우리가 갈망하는 사랑은 어디에나 있다. 조안나 매케이는 이것을 '세계가 곧 사랑'이라는 말로 표현했다. 나무, 바람, 새소리,

아이의 천진난만한 눈동자, 여인의 낭랑한 목소리, 조용한 호흡 등 세상을 이루고 있는 모든 것이 곧 사랑이다. 그리고 우리는 사랑의 품에 편안하게 머물 수 있다. 무엇으로부터 내쳐질 때, 세상이 나에게는 아무 관심 없는 것처럼 보일 때 우리는 손을 뻗어 세상과 연결을 맺는 노력을 기울여야 한다. 내가 지금 고통을 받고 있구나, 소외감을 느끼고 있구나, 하는 때를 정확히 인식하고 단순하게, 자신에게 적합한 방식으로 '땅을 건드리는' 것이다. 사랑이 존재하는 그곳을 떠올리고 그 사랑의 품에 안기는 모습을 상상하는 것이다. 그것은 바로 믿음이다.

걱정하지 마라, 당신 자신을 의지하라

이른 아침 신선한 공기를 호흡하며 가벼운 달리기를 하는 사람들을 본다. 도심의 빌딩에 자리한 운동센터에는 러닝머신 운동을 하는 사람들로 가득하다. 모두들 건강을 위한 운동에 열심이다. 그러나 몸의 운동만큼 마음의 운동, 정신의 근육을 키우는 데 적극적인 사람들은 얼마나 될까. 삶의 길을 잃고 상처 속에서 사는 사람들조차도 다만 울고 있을 뿐이다. 그들은 마치 엄마 손을 놓쳐버린 어린아이가 한자리에서 맴돌거나, 내내 손등으로 눈물을 훔치며 엉뚱한 방향으로 걸어가는 모습을 닮았다. 원래 삶은 괴로운 것이므로, 고통에 익숙해져서, 나는 그렇게 태어났으므로 고통받는 것은 당연하니까……, 온갖 합리적인(?) 이유로 우리는 고통 속에 푹 몸을 맡긴다. 습관이란 참으로 무섭다. 어제의 생각으로 오늘을 변화시킬 수는 없다. 그러나 우리는 늘 어제의 생각으로 지금을 살아간다.

누구나 나는 원래 상처받기 쉬운 사람이라고 생각한다. 정말 그런가? 우리는 우리 자신을 이렇게 모르고 있다. 상처받기 쉬운 나, 자책에 익숙한 나, 이러한 고리와 습관을 끊는 방법은 나에 대한, 진정한 깨달음밖에 없다. 오직 스스로의 힘에 의한 깨달음. 마음챙김 명상은 그 하나의 분명한 대안이다.

우리는 앞에서 나의 본성과 조우해야 모든 삶의 고통에서 자유로워질 수 있음을 확인했다. 마음챙김은 지금 이 순간 현존하여 나의 본성과 마주하는 명상이다. 이것은 단번에 이루어지는 것이 아니라 꾸준히, 거듭 연습하고 단련해야 한다. 그래서 일상에서 자연스럽게 나의 본성에 초점을 맞출 수 있도록 해야 한다. 나폴레옹 보나파르트가 말했다. "내가 해야 할 일에 대해 알려주는 것은 나의 천재성이 아니라 나의 숙려와 명상이다."

우리는 인생의 학교에서 좋은 가치에 대해 배운다. 행복, 기쁨, 인내, 노력, 친절, 연민, 베풂 등의 가치들. 그 가운데 '의지'와 '결심'이 올바른 깨달음으로 우리를 이끈다. 부처는 부러울 것 없는 왕자로 태어났음에도 자기 의지로 깨달음을 구하는 데 성공했다. '인간은 왜 이렇게 고통 속에 사는가.' 그 물음의 답을 찾기 위해 부처는 재물과 명예, 가족을 떠났다. 부처의 선택과 강인한 의지가 빛나는 결실을 맺게 한 것이다.

나는 학생들에게 "명상의 결과는 오직 당신 것입니다."라고 말해준다. 나는 단지 옆에서 도울 뿐이다. 그의 선함을 발견해주고 의지를 다독여줄 뿐이다. 사실 내가 해줄 수 있는 일이란 많지 않다. 모든 삶이 그렇지 않은가.

부처가 늙고 병이 들어 열반에 들 날이 가까워지자 그의 모든 제자들이 슬픔에 빠졌다. 제자 아난다가 눈물을 흘리며 고했다.

"부처님, 당신이 멸도하신 뒤에는 어떻게 살아야 합니까?"

그러자 부처가 마지막으로 말했다.

"아난다야, 걱정하지 말거라. 너는 다만 스스로를 의지하면 되느니라. 남을 의지처로 삼지 말고 내가 설한 법을 의지처로 삼아라."

이보다 더 절실하고 진실한 답은 없다. 부처가 마지막으로 우리에게 설한 것은 스스로를 돌보고 의지하라는 것이다. 삶의 돌부리에 걸리거나 막다른 골목을 만났을 때 사람들은 생각한다. "이제 내가 뭘 어떻게 해야 하지?" 인간은 태어나면서 죽을 때까지 이런 물음 속에 살다 간다. 어려서는 엄마에게 묻고, 성장하면서 스승에게 묻는다. 책에서 답을 찾거나 절대적인 존재인 신에게 기도하며 응답을 기다리기도 한다. 그러나 사실 그 답은 언제나 내 안에 있다.

우리는 인생에서 획기적인 변화를 꿈꾸며 살아간다. 언젠가는 나의 삶이 확 바뀌리라는 막연한 기대로, 그런 날이 올 때까지 이 현실을 좀 더 참아보자고 한다. 그러나 우리가 기다리는 그날은 오지 않는다. 똑같은 현실의 반복일 뿐이다. 우리가 생각하는 변화는 멀리 있지 않다. 변화의 시작은 나의 현재, 지금을 인정하는 것이다. 나의 '자각'이다.

흙탕물을 오래 두고 보면 맑고 투명해지듯 나의 본성은 맑은 물이다. 슬픔과 성냄, 불안과 상처, 고통의 흙탕물을 고요하게 가라앉히면 나의 본성과 마주할 수 있다. 무한한 감동과 감사, 그리고 사랑이 흘러든다. 내가 그토록 '밖'에서 구하려고 했던 자비로운 사랑의 존재가 깨어있는 나 자신임을 기억한다면 삶은 더 이상 나를 속이지 않을 것이다.

그대여, 언제나, 지금, 나를 깨어있는 눈으로 돌보라.

세상을 사랑하는 명상

나를 통해 세상의 모든 존재를 빛나게 하다

'보살의 길'을 수련하는 명상이다. 보살의 본성은 나를 비롯한 모든 사람의 가슴속에 진실하게 자리하고 있다. 그 진리를 깨치고 실천할 수 있는 힘을 기르는 명상이다.

먼저 편안한 자세로 앉는다. 몸과 마음을 부드럽게 안정시키고 의식에 커다란 빈 공간을 상상한다. 그 자리에서 부처의 은은한 미소를 떠올린다. 은은하고 뚜렷한 미소, 상반되는 이 신비로운 미소는 나를 친절과 연결시켜준다. 자신의 눈가에 이 미소의 부드러움을 느끼면서 눈 주위의 근육을 풀어준다. 천천히 온 얼굴에 느낌을 퍼지게 하여 긴장된 얼굴을 풀어준다.

멈추지 않고 숨을 쉬는 기도 부위에서 이 미소를 느껴본다. 목구멍이 부드럽게 열리도록 한다. 이어서 가슴과 심장 쪽으로 미소를 내려보낸다. 미소를 직접

눈앞에서 바라보듯 생생하게 느껴본다. 미소에서 흘러나오는 따뜻함과 열림의 기운을 느껴본다. 이 미소의 환한 빛이 바깥으로 퍼져나가 당신 주위의 공간을 가득 채운다고 상상해보라.

이 느낌이 나의 몸 구석구석에 머물도록 한다. 그것은 나의 경험을 모두 담을 수 있는 수용과 친절이다. 그 다음 우리의 본질인 사랑을 느끼면서 내면의 삶을 바라본다. 돌봄과 친절의 눈으로 바라본다. '나'라는 존재의 본질적인 선함을 느껴본다. 당신의 관대함, 생생하게 살아있음, 온전한 삶을 살고자 하는 당신의 갈망을 떠올려본다.

당신의 선함이 세상에서 빛을 발하는 신성神性을 느껴본다. 그리고 그 신성함에 인사하면서 그것을 축복해준다. 당신이란 존재의 바다에서 일렁이는 연약함, 슬픔, 실망, 고통과 수치심의 파도까지 그 신성 안에 담아본다.

이즈음에서 당신의 기도를 떠올린다. 삶에 대한 갈망, 당신의 기도는 무엇인가? 그리고 이제 당신에게 소중한 존재를 마음에 담는다. 당신이 기도해주고 싶은 사람을 마음에 떠올린다. 그리고 지금 여기에 그들이 존재하고 있다고 생각한다. 그의 참모습을 마음에 그린다. 그 사람의 선함, 그 사람의 눈빛, 그 사람의 사랑, 그 사람의 아름다움을 느껴본다. 그리고 그 신성을 축복한다. 그리고 그 사람 안에서 그의 취약함, 연약함을 느껴본다. 그가 놀라고 실망했던 일, 그가 느꼈던 고통과 혐오의 파도를 느껴본다. 그의 고통을 당신의 가슴 안에 안아보라. 그리고 기도한다. "사랑하는 이여, 당신의 괴로움을 내가 돌봐주겠습니다." 당신의 가슴에서, 당신의 언어로 기도해준다. 당신의 의식에 누가 떠오르든, 연민으로 가득 찬 자각 속에 그들과 함께 머물러본다. 잠시 동안 그들의 아름다움, 그들의 취약함을 보면서 기도한다.

마지막으로 커다란 둑이 터지듯 가슴과 마음의 공간을 활짝 열어 세상의 모든 존재를 담아본다. 그들에게 보살의 기도, 우리의 기도를 보내며 축복한다.

"어떤 상황에서도 그들의 가슴과 마음이 깨어나기를 바랍니다. 우리의 삶이 모두에게 이로운 것이 되기를 기도합니다."

사랑은 만들어내는 것이 아니다. 우리의 의지와 이성으로 만들어지지 않는다. 사랑은 본래 우리 가슴속에 늘 존재하고 있을 뿐이다. 인간으로 태어난 우리의 의무는 가슴속의 사랑을 깨우는 것이다. 바람이 왜 부는지, 물이 왜 바다로 흘러가는지 묻지 않는 것처럼 사랑은 나와 세상을 밝히는 삶의 목적이 되어야만 한다.

사랑하고 느끼고,
삶이 당신의 손을 잡도록
허용하라

우리의 마지막 이야기는 맨 처음으로 돌아가 자신과 우정을 맺
는 것에 관한 이야기다. 우리는 살면서 많은 사람들을 만난다. 그들
이 누구인가를 알아보고, 그들을 위해 귀한 시간을 기꺼이 내준다.
그들의 모습을 인정해주고 격려하고 위로한다. 그런데 나에 대해서
는 어떠한가. 자기 내면의 삶은 어떻게 대하는가.

우리는 내면의 삶을 무시하고 거부하고 모른 척하는 오랜 습관
에 젖어 있다. 아니, 그 사실 자체를 모르는 무지無知에 빠져 있기도
하다. 이러한 무지와 습관에서 벗어나기 위해 우리는 늘 깨어있어
야 한다. 순간순간 "지금 여기에서 무엇이 진실인가?"라고 물으며
지금 나에게 일어나고 있는 일을 친절하게 관찰해야 한다.

우리는 누구보다도 먼저 자신의 내면의 삶과 우정을 맺고 보살

피고 돌봐야 한다. 무지에서 벗어나 내면의 삶과 끊임없이 관계를 맺어야 한다. 이 과정을 항상 새롭게 시작할 수 있도록 돕는 것이 바로 초심Beginner's Mind이다. 매 순간, 나에게 일어나고 있는 일을 새롭게 인식하는 것이다. '이건 내가 아는 거라고. 과거에도 경험했잖아.' '내 생각이 옳아!'와 같은 태도가 아니라 지금 이 순간, 나에게 일어나고 있는 모든 일들이, 설령 고통스럽고 나의 욕구에 반대되는 것이더라도 받아들이는 것이다. 진실한 '나'에 이르도록 하는 참된 안내자로 신뢰하는 것이다. 우리가 꼭 해야 할 일은 현존과 돌봄의 감각으로 나에게 일어난 일들을 받아들이는 것뿐이다. 우리 내면의 삶과 우정을 맺고 돌보는 일은 이렇게 시작한다.

매 순간이 우리에게는 늘 처음이다. 그 순간이야말로 우리가 지금 누릴 수 있는 유일한 시간이기 때문이다. 그리고 우리가 할 일은 그 유일한 순간에 참된 주의를 기울이는 것이다. 온전한 삶의 주인이 되는 길이다.

로저 키이스의 시 〈호쿠사이가 말하기를〉을 읽으며, 당신의 내면의 삶을 느껴보라.

호쿠사이가 말하기를, 주의 깊게 살펴보라

그가 말하기를, 주의를 기울여 관찰하라

그가 말하기를, 보는 것에는 끝이 없다네

그가 말하기를, 늙어감을 기대하라

그가 말하기를, 계속해서 변화하라

그러면 진정한 당신에 더 가까이 갈 것이니

그가 말하기를, 막힌 곳에 이르더라도 그것을 받아들이고

그것이 흥미가 있는 한 자신을 반복하라

그가 말하기를, 당신이 좋아하는 것을 계속해서 하라

그가 말하기를, 계속해서 기도하라

그가 말하기를, 우리들 모두는 어린아이들이니

우리 모두가 오래된 존재

우리 모두가 몸을 가진 존재

그가 말하기를, 우리 모두가 놀라

그가 말하기를, 우리 모두가 두려움을 안고

사는 방법을 찾아야 하네

그가 말하기를, 모든 것이 살아있다네

조개껍질과 건물, 사람, 물고기

산, 나무, 숲이 살아있다네

물이 살아있다네

모든 것이 자신의 삶을 가지고 있다네

모든 것이 우리 안에서 살고 있다네

그가 말하기를, 당신 안의 세계와 함께 살라

그가 말하기를, 당신이 그림을 그리거나 책을 쓰는 것은 중요하지 않다

당신이 숲을 보거나 물고기를 잡는 것이 중요한 것이 아니다

당신이 집에서 베란다나 나무 그늘, 정원의 풀에 있는 개미를

바라보고 있는 것이 중요한 것이 아니다

당신이 그것을 보살피는 것이 중요하다

당신이 그것을 느끼는 것이 중요하다

당신이 그것을 관찰하는 것이 중요하다

삶이 당신을 통과해 살아가도록 하는 것이 중요하다

삶이 당신을 통과해 사는 것이 만족이다

삶이 당신을 통과해 사는 것이 기쁨이다

삶이 당신을 통과해 사는 것이 만족이며 강함이다

삶이 당신을 통과해 사는 것이 평화이다.

그가 말하기를, 두려워하지 말라. 두려워하지 말라

사랑하고 느끼고, 삶이 당신의 손을 잡도록 허용하라

삶이 당신을 통과해 살도록 허용하라

자기 돌봄

개정판 1쇄 발행 2018년 3월 30일
개정판 8쇄 발행 2024년 2월 23일

지은이 | 타라 브랙
옮긴이 | 이재석
엮은이 | 김선경

발행인 | 박재호
주간 | 김선경
편집팀 | 강혜진, 허지희
마케팅팀 | 김용범
총무팀 | 김명숙

디자인 | 김윤남
종이 | 세종페이퍼
인쇄·제본 | 한영문화사

발행처 | 생각정원
출판신고 | 제25100-2011-320호.
주소 | 서울시 마포구 양화로 156(동교동) LG팰리스 814호
전화 | 02-334-7932 **팩스** | 02-334-7933
전자우편 | 3347932@gmail.com

ⓒ 타라 브랙 2018

ISBN 979-11-88388-31-8 03180

이 도서의 국립중앙도서관 출판예정도서목록(CIP)은 서지정보유통지원시스템 홈페이지(http://
seoji.nl.go.kr)와 국가자료종합목록 구축시스템(http://kolis-net.nl.go.kr)에서 이용하실 수 있습
니다.(CIP제어번호: CIP2018009367)